日本人が知らない「日本の姿」

胡 暁子《ダティン オー アキコ》・著

――シンガポール財閥総帥夫人からの警鐘

小学館

目次

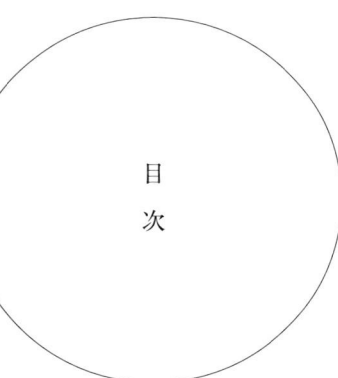

第一章　日本の今を憂える　9

第二章　東南アジアとのつきあい方　57

日本人が知らない「日本の姿」

胡《ダティン》 曉子《オー アキコ》・著

――シンガポール財閥総帥夫人からの警鐘

はじめに

私は日本人に「地球上の人類の一員として、国際社会に責任を持つ国家・国民になっていただきたい」と強く希望しています。

私は三十年前に、『国際人へのパスポート』と題する著書を発表しました。この書は、国際結婚をして長く海外で生きてきた私が、国際社会での日本人の行動についての評判の悪さを見かねて、国際感覚やマナーについて、私なりに感じたことを率直にアドバイスしたものでした。わが祖国日本が、なんとか国際舞台で尊敬される国家であってほしい、日本人が国際的に恥じるところのない民であってほしいと願ってのことでした。

日本人には耳が痛そうなことばかりをあえて述べさせていただいたのですが、それにもかかわらず、この書は日本でおよそ五十万部が読まれました。

私は、祖国の同胞に私の心情をわかっていただけた、多くの日本人の賛同を得られたと安心しておりました。しかし、日本の方々は、この書に賛同はしてくれたものの、実践には移してくださらなかったようです。

この三十年間で、日本は世界第二位の経済大国になり、国際社会で活動する日本人の数も飛躍的に増えましたが、残念ながら、日本人の国際感覚やメンタリティーは、三十年前とほとんど変わるところがなかった。いえ、私にはむしろ、経済的に豊かになった分、精神的に大切なものがますます失われつつあるように感じられてなりません。その結果、国際社会でも国内でも、今また多くの難題にぶつかっているように見受けられます。

三十年前に申し上げた諸々の事をもう一度申し上げます。日本のみなさん、どうか軌道修正をしてください。そして、魅力ある国際社会の一員になってください。本来、日本人は、世界からも尊敬されるほど礼儀正しい民族でした。温和で、親切で、平和を愛する民族性は、今も失われていないと信じます。そうした日本人の美点をもう一度取り戻し、真の平和国家を建設して、世界から信頼と尊敬を得られるような国民になっていただきたい。それが私の願いなのです。日本は私の故郷、実家でもあるのですから。

二〇〇三年十二月

著者

装丁／姥谷英子
構成／清野真智子

第一章　日本の今を憂える

祖国を思う心

私は、今年（二〇〇三年）の三月から日本に滞在し、ホテルで一人住まいをしながら、全国を巡って、日本の多くの方々に意識改革を説く講演活動を行なっています。

盂蘭盆《うらぼん》の時には、仙台の大満寺で住職の代わりに講話をさせていただき、長崎市で起きた十二歳の少年による幼児殺害事件の問題を取り上げて、家庭での親の教育やしつけがいかに大切かということを、みなさまに訴えてきました。

また秋には、山梨県の「県女性のつばさ連絡協議会」という女性だけの団体から依頼を受けたので、魅力ある国際人になるためには、まず魅力ある日本人になることが大切であること、そして、魅力ある日本人をつくるためには、女性たちの役割がとても大きいことなどを、お話ししてきました。

昨年は広島県の江田島で、海上自衛隊の若い幹部自衛官の方々に、私の国籍があるシンガポールの例を出しながら、国を守ることについてもお話ししましたし、壱岐島へ講演に行ったこともあります。お呼びいただければ、体調と時間の許すかぎり、どこへでも一人で出かけていって、お話をしているのです。

私は国際結婚をして、香港やシンガポールに長く住んでいました。ですから、今までは、日本には旅行者として帰ってくるだけでした。そんな私が、なぜ日本に長期滞在して全国を講演して回っているのか、みなさんには不思議に思われるかもしれません。一言で言えば、やむにやまれぬ祖国愛からなのです。

日本の国の中にだけいると、あまり祖国ということを意識することはないと思いますが、長く海外にいると、いやでも応でも、自分の祖国を意識させられます。どこにどんなに長く住んでいても、私の祖国は日本であること、国籍が変わっても私はやはり日本人であることを、痛感させられるのです。これは長く外国に住んだ経験のある方にならよくおわかりいただけると思います。

その自分の祖国や祖国の同胞が、国際社会の中で信頼や尊敬の得られる国家や国民であってほしいと願うのは、祖国を離れた多くの人々の自然の情であり、逆に、祖国や祖国の同胞の評判がよくないことは、わが事としてとても心が痛むことなのです。

私が三十年前に『国際人へのパスポート』を書いて、日本人への苦言をあえて呈したのも、祖国を思うその一念からでした。しかし、「はじめに」でも触れたように、この三十年間、日本人のメンタリティーは残念ながらあまり変わることがなかった。それどころか、凶悪事件の増加、政治家や官僚の汚職、警察官や教師の不祥事、荒れる学校、少年犯罪の低年齢化、援助交際……等々、心痛むことはますます増えています。

私も残りの人生を考える年になりました。九年前に主人も亡くなり、三人の子供たちもみな独立して、家庭を持って暮らしています。自由な境遇になった今、元気で動けるかぎり、私の残りの人生を少しでも祖国のお役に立てることはできないか。そんな思いから、今は日本に生活の拠点を置いて、講演活動を行なっているわけです。

これから述べることは、国際結婚をして長く海外生活をした一人の日本女性が、これまでの経験や見聞を踏まえて、感じたり考えたりしたことを飾ることなくお伝えするためのものです。感じ方や考え方は人それぞれです。むしろ、いろいろな感じ方、考え方があって然るべきです。私のささやかな提言も、一つの考え方として、日本のみなさまの何らかの道しるべになれたらと願って、話を進めることにしたいと思います。

憲法を見直すのか自衛隊を見直すのか

二〇〇三年十二月九日、イラクの戦後復興のために自衛隊を派遣することが閣議決定されました。湾岸戦争の時に、日本は憲法上の制約があって自衛隊を海外に派遣できないため、お金だけ出して人を出しませんでした。そのことで、世界から尊敬されなかったという反省から、今回は非戦闘地域、つまり安全な地域に限って自衛隊を出すというのが日本政府の方針です。しかし私は、自衛隊を出しながら安全な地域以外には行かないというような考え方は、世界には通用しないし、その幼稚性を笑われてしまうと心配しています。

自衛隊というのは、日本の憲法上の解釈はどうあれ、世界から見ればれっきとした軍隊だからです。しかも、軍事力ということでは世界有数の軍隊なのです。世界の人々は、自衛隊がアメリカの作った憲法にしばられている事情など知りません。

少し古い話ですが、私自身もこれで恥ずかしい思いをしたことがありました。ベトナム戦争の時、ベトナム人たちはいわゆる「ボートピープル」となって戦場から逃れました。しかし、ボートピープルたちは海賊に襲撃され、子供たちや金品を奪われるという事実がたびたびあったのです。この時、国際赤十字は日本に海賊の取り締まりをお願いしました。しかし、日本政府は憲法の制約を盾に、これを断わりました。代わりにお願いしたドイツの潜水艦はすぐさまやって来たと、私も出席していたアジアの赤十字の会合で報告されたのでした。

自衛隊という名の軍隊を出しながら、弾が飛んでくるような危ないところには行きませんということでは、各国から派遣されて、危険と背中合わせでイラクの戦後復興に当たっている兵士たちの足手まといになるだけです。世界各国のＮＧＯ（非政府組織）の人々でさえ、危険を覚悟しながら、復興のために尽力しているのに、過保護もいいところではないでしょうか。そこに日本人の幼稚性があります。

非戦闘地域に限ると言っても、現に治安が悪化していて、兵士だけでなくジャーナリストなども何者かの攻撃にあって犠牲になり、ついには日本の外交官も殺害された中で、どこが戦闘地域でどこが非戦闘地域かという明確な線引きなどできるわけがありません。そういうところへ自分たちでは戦えない、つまり米英軍などに守ってもらわなければならない自衛隊を出して、じゃまにならないと思う日本人のメンタリティーを、私はまず直さなければならないと思うのです。

要するに、軍隊なのかそうでないのかを曖昧《あいまい》にしたまま自衛隊を出すことは、世界、特に先の戦争で日本から多大な被害を受けたアジア諸国の理解を得られないだけでなく、無用な不安や警戒心を与えることにもなるので、自衛隊の位置づけを明確にすべきだということなのです。誤解しないでいただきたいのは、私は、憲法を改正して自衛隊を軍隊と明確に位置づけるべきだと言っているのではありません。しかし、軍隊だという位置づけをしなければ、自衛隊を海外に派遣しても世界のお役には立てないので、あくまでも自衛隊を軍隊とはしたくないというのであれば、生半可に世界のお役に立とうなどという甘い考えもやめるべきだということなのです。軍隊でないなら、軍服としか見えない制服を改めるべきです。自衛隊がどれほどの制約にしばられているか、憲法を各国語に抄訳したものを用意し、イラクに行ってくださる若人にも、それを説明できる程度の語学力も習得していただきたい。

私の意見は極論だと思われるかもしれませんが、少しも極論ではありません。それが世界に通用する常識的な考え方なのです。そのことをよく理解した上での国際貢献論議でなければいけないと思います。

日本は戦後五十八年間、かつての戦争でアジア諸国に迷惑をかけたという思いがあるため、平和憲法を遵守して、一度も戦争や戦闘行為にかかわるような自衛隊の海外派遣はしてきませんでした。そのことをアジア諸国はよく理解しています。また、日本でも戦後世代が増えているように、アジア諸国でも大東亜戦争を直接には経験していない世代が増えて、日本を平和国家だと考えている人が多くなっています。しかし、祖父母や親の世代の経験として戦争のことは聞かされているので、日本の軍事力に対する警戒感がまったくなくなっているわけでもありません。だからこそ、特にアジア諸国への配慮が必要なのです。

日本が自衛隊の位置づけを明確にし、アジア諸国の理解も得た上で、国際貢献のために海外へ出て行くということであれば、それに反対する国はおそらくないのではないでしょうか。例えば、シンガポールで非常に大きな災害が起こって、復興のために海外からの支援が必要になったとします。そういう時に日本の自衛隊が支援にやって来てくれたら、シンガポール国民は日本に感謝すると思います。

日本人はたとえ災害復興のためであれ、特にアジア諸国に自衛隊を派遣することには、相手国の国民にどう思われるかを不安に思っているようですが、災害復興にやって来る人たちが鉄砲を撃つわけがないし、敵対行為をするわけがないということは、よその国の人たちはみんなわきまえています。第一、むやみやたらと助けにいくわけではないのです。前もって「ご協力いたしましょうか」という言葉があるはずです。その時に、仮に来てほしくなければ、相手国は「われわれでやりますので結構です」と言って断わることもできるのです。

先の戦争に対する贖罪《しょくざい》意識はとても大切なことです。しかし、過去の罪を悔いるあまり、一国平和主義に陥ってしまってはならないと思います。これから日本が世界のために、アジアのために何ができるかということを考えることも重要なことではないでしょうか。その時に、自衛隊をどういう位置づけにするのかという議論は避けて通れない問題になってくるはずです。いつまでもその時々の曖昧な憲法解釈でその場しのぎをすることは、国際社会の中でももう許されない段階にきています。

そろそろ憲法についての国民的論議を真剣にすべき時ではないかと思うのですが……。

同胞よ元気を出して

日本は長期不況に陥っていて、企業の倒産やリストラが相次いでいます。日本政府は、アメリカ政府に早く不良債権を処理して不況を克服するようにと注文をつけられ、一生懸命景気を回復しようとしていますが、私が日本の方に申し上げたいのは、このままの状態でいったほうがいいのではないかということです。この不景気を異常事態だと思っている人はたくさんいるみたいですが、バブルの時と比べれば、私はむしろ正常に戻ったのだと思います。

私が『国際人へのパスポート』を出版した三十年前というのは、ちょうど田中角栄内閣が発足した頃でした。当時、日本は高度成長期の最中で、田中さんの金権政治の影響もあって、日本はその頃から拝金主義に走りつつありました。お金があることこそすばらしいと考える人が増え、心のほうがなおざりになりつつあったのです。ですから私は、このままでは日本は、お金にだけシビアな人たちばかりになって、弱肉強食の傾向が強くなり、人を思いやる心や弱い立場の人たちをいたわる心が失われてしまうということに警鐘を鳴らしました。

しかし、その後も日本は経済成長を追い求め続け、八〇年代に入ってバブルという時代を迎えると、日本は拝金主義の最たるもの、日本中成り金だらけという感じになってしまいました。その結果、政治家や公務員の汚職、企業の不祥事、青少年犯罪の増加、いじめ、自殺など、さまざまな問題が起きていることは、みなさまもご承知のとおりです。

バブルの崩壊以降、日本は経済についてはどん底の状態にあると言われているわけですが、このどん底状態というのは、バブルの異常時に比べればということであって、日本はいまだに世界二位の経済大国であり、国民一般の暮らしも世界の中ではまだまだ豊かだと思います。ですから、これ以上経済成長を追い求めるような生き方はそろそろ改めて、物価が下がっている今の状態を続けていったほうがいいのではないでしょうか。そして、もっと謙虚に世界並みの物価に全部下げるべきです。そうすれば、競争力において今より相対的に強くなりますから、リストラによって競争力を高める今のやり方よりも、国民にとってはいいことだと思うのです。

それから今、不況のあおりで自分の会社が倒産したり、勤めていた会社からリストラされたりした中高年の男性の自殺が相次いでいます。もちろん首を切る側が、この方たちの代替の仕事を考えてあげないのも悪いと思いますが、会社や仕事がなくなったからといって、自殺するようなことでもないのではないでしょうか。終身雇用制に守られて、すっかり会社に頼っていた人が、いきなり仕事を失うつらさはわかります。しかし、その気になれば、人は会社などに頼らなくても生きていけます。何でもいいから、生きていく道を自分で考えて、自立して生きていけばいいのです。

しかし、その一方で、例えば、新たに商売を起こしたいと思っている人たちに、銀行が保身ばかりを考えてお金を貸さないということも大きな問題だと思います。竹中平蔵大臣が銀行の不良債権の処理を急がせているので、銀行も萎縮してしまって、お金を貸してまた不良債権になることを恐れているのでしょう。

私は経済学者でもないし経済の専門家でもありません。ですから、詳しいことはよくわかりませんが、竹中さんもあんなに不良債権を消すことばかり考えないで、それをいったん地下室にでも置いておくことはできないものでしょうか。すでに不良債権はできてしまったのですから、いったん不良債権を塩漬けにして、公的資金を使って、国内の産業や企業を少し元気にしてから、不良債権を徐々に消化していくというやり方をなさったらいかがでしょうか。

それから、これまで地下室に埋めなければならないような不良債権をつくったような経営陣はみんな交代していただいて、違う才能の人にやらせるべきだと思います。経営陣が責任をとらないのは間違いです。

私はシンガポールの銀行のオーナーで、息子の一人もバンカーなので、銀行が社会において果たすべき役割ということについては、自分なりの考えを持っています。銀行というのは、単に安全なところにお金を貸して利子を稼ぐだけではなく、多少のリスクを背負ってもお金を貸して、国内の産業や企業の成長を手助けするという大きな役割があると考えています。

シンガポールでは政府が民間銀行に協力的で、両者のコミュニケーションが非常によくとれています。両者の意見がいつも一致するとは限りません。対立することがあたりまえとも考えています。しかし、シンガポールは金融で生きていこうというのが国是になっていて、政府自体が〝シンガポール株式会社〟として国民のために一生懸命お金儲けをしていますから、民間の銀行と協力していかねばならないことは初めからよくわかっているのです。

シンガポールは人口四百万人の小さな国ですから、シンガポールの民間銀行は、国内には支店が二十ぐらいしかありません。しかし、海外には支店が百いくつもあります。つまり、外からお金を持ってくることに専念しているのです。特に中国から。ですから、中国の平価切り上げというのはとても頭の痛い問題なのですが、この問題にどう対処するかは、シンガポールの銀行の勝負のしどころではないかと思っています。

今、日本では政府が郵便局を民営化しようとしていますが、シンガポールでは逆で、政府がやっている銀行、つまり中央銀行が郵便局を徐々に吸収しようとしています。なぜかと言うと、郵便局には現金があるからです。その現金を国の発展のために使おうということで、政府がコントロールしようとしているわけです。

このように、シンガポールでは、政府と民間銀行が協力し合って国を繁栄させようとしています。日本政府もアメリカの注文に唯々諾々とばかりしていないで、日本の国益や日本国民の幸福を考えた経済発展のあり方を考え、政府と民間が協力し合って、安定的な穏やかな成長をしていくべきではないでしょうか。

これ以上、世界の経済大国にならなくてもいいではありませんか。それよりも、住みよい国、親切で勤勉な人のあふれる楽しい国を造っていくことのほうがずっと大切なことだと思います。

中国人と日本人のメンタリティーの違い

一般に日本人は金融には弱いようです。アジアにおいて金融に強いのは中国人、特に上海人です。私の印象では、ウォール街を牛耳っているのは、意外に思われるかもしれませんが、ユダヤ人でなく上海人です。上海の人は中国の中でもＤＮＡ的に一番経済に強い。経験も豊富です。外交も非常に上手です。

私が知っているかぎりでは、日本人より中国人のほうがずっと利にさといと思います。中国人は団結力においても日本人よりはるかに勝っています。例えば、台湾の経済界の人たちは、一年にいっぺん、大挙してニューヨークに行って忘年会をやっています。そこで在米の同胞たちとも会い情報交換をするのです。日本人が大勢でよその国に行って忘年会をやるということは考えられないと思いますが、中国人はそういうことをやる国民です。「中華」という思想を実践しているのです。

ある程度成功した中国人は、香港でも台湾でもシンガポールでも、何か機会があるたびに家族や親戚で集まって食事をします。例えば、おじいちゃんの誕生日だったら、三百人ぐらいは優に集まってきます。アメリカとかオーストラリアとか世界のほうぼうから来るのです。レストランを借りて、丸テーブルに十人くらいずつ座って、三十のテーブルができる。この代金はおじいちゃんが払うのですが、旅費とかホテル代はみんながそれぞれ自分持ちです。ですから、それぞれに結構、繁栄しているわけです。これをやり切るのは、世界広しといえども中国人だけだと思います。それだけ一族の連帯感や同族意識や団結を大切にしているのです。

もちろんそうではない階級もありますが、少なくとも、日本人のように日曜日に老夫婦だけでぼそぼそ食事をしているというような光景はあまり見かけません。シンガポールですら、日曜日になったらみんな十人テーブルで食事をします。

十人が十二人になっても十五人になってもいいのです。中国料理の見事さは融通が利くことです。人数が増えたら、席を詰めて、みんなで分け合って食べればいいという考え方なのです。食生活そのものが小さなことにはこだわらないのです。それに対して、日本料理の場合は、十人なら十人と決まっていて融通が利かない。みんなで楽しく食事をするという本質よりも、形式のほうが大切だからです。そこに中国人と日本人のメンタリティーの差を感じます。

飲茶《ヤムチャ》というのはもっと気軽で、例えば、私が食事に行く途中で知り合いに出会ったとします。そうすると「お食事、お済みになった?」と誘います。もしまだだったら「一緒に行きましょう」と連れていくのです。ほかの人も同じように呼んでくる。それでまた人のつながりが増えていくわけです。その場限りで次に会う機会がなくても、そんなことは構わない。とにかくご飯を一緒に食べる、ご飯をご馳走するということが大事なのです。そういう精神が中国人の団結力を強めているわけです。

アメリカがどんなに近代兵器を投入しても、ベトナム戦争に勝てなかったのは、ベトナム人には中国式の強い団結力があったからだと思います。ベトナム戦争当時、毛沢東がアメリカに向かって言った有名な言葉があります。「あなたたちは北ベトナムに攻めてきて一日に何人殺す気ですか。北ベトナムの後ろには、何億人もの中国人がいることをお忘れなきように」

中国がアジアの生産拠点として急成長してきたことで、日本の企業も続々と中国に進出していますが、その際、中国人のメンタリティーや団結力の強さをよく理解していないといけないと思います。

こんなことがありました。ある時、危機管理の専門家である佐々《さっさ》淳行《あつゆき》氏とお話しする機会があって、中国の万里の長城が話題になったので、私が「人間ってすごい力がありますね。大昔に人の力だけであんな長大なものを造ったのですから」と言ったら、佐々さんはこうおっしゃったのです。「あれを造るためにどんなにたくさんの人が死んだか、あなたはわかりますか」

その時、私は「ああ、これが中国人と日本人の違いだ」と思いました。私は、死んだ人のことを考えないで、万里の長城を造った人間のすばらしさのことばかり考えていましたが、佐々さんは人間の悲惨のほうをそこに見たのです。つまり、私の考え方が中国人的なのに対して、佐々さんの考え方は日本人的で、日本人は結果よりディテールのほうが大事なのです。そういう大きな違いがあります。

これから、グローバリゼーションということが重要になってくるとすれば、国や民族によってそうした違いがあるということをわかった上で、いろいろな国の方とつきあうことが大切だと思います。日本の物差しばかり持ってきて人を測るのは間違いだということです。

飛行機事故などの時にも、日本の報道機関はすぐに「今回の事故には日本人はいません」と報じますが、よその国の方がそれを聞いたら、「日本人以外は死んでもいいのか」と思ってしまいます。「飛行機事故で何人の方がお亡くなりになりました。お悔やみを申し上げます」と言うべきで、日本人がいなかったとかいたとか、わざわざ言うのは余計なことだと思います。

概して日本人はシビライズ（開化）されていない、要するに田舎っぺのところがあります。都会人がいいというわけでは決してありません。田舎っぺには田舎っぺの素朴さとか純真さがあるはずですが、それもない。世界の果てまで物を売りにいくような強引さもあれば、世間知らずなところもある。そこが問題だと思います。

バランスがとれていないということは、よその国の人にとっては不安の材料になります。日本人はいつ何を始めるかわからないと思ってしまうのです。政治や外交についても、日本はいつも行き当たりばったりだから、他の国に不安を与えてしまうのです。これはよその国に対しても日本人にとっても不親切なことです。

世界の国々や民族を理解すると同時に、よその国にも安心してもらえるように、日本の大方針というものを示して、世界と協調して歩んでいくという姿勢が大切だと思います。

政治家は言葉に気をつけて

二〇〇三年夏、北朝鮮の万景峰号《マンギョンボン》が新潟港に入港する際に、万景峰号が海外を渡航する船舶として国際的な基準を満たしているかどうか、寄港する日本国内の法律や規則をクリアしているかどうかを調べるために、海上保安庁などの関係諸機関の職員が立ち入り検査をしたことがありました。

その時に、いくつかの不備が見つかったため、海上保安庁を所管する国土交通省の扇千景大臣が「北朝鮮は日本をなめている」というような発言をしているのをテレビのニュースで見ました。そう言いたくなる気持ちはわからなくもありませんが、仮にも一国の大臣が、公の場で、他国のことをあんなふうにおっしゃってはいけないと思います。

これだけ通信網が発達すると、そういう重要な方がおっしゃった一言一言が、すぐに相手国に伝わるということをよくわきまえて発言していただきたいのです。

「口は災いのもと」というように、人間関係においていかに言葉が大切かということは、みなさん誰でもおわかりだと思います。悪気もなく、不用意に言ったたった一言で、それまでの人間関係が壊れてしまうこともしばしばあります。

個人の人間関係における言葉づかい以上に、政治や外交における言葉づかいには十分気をつけなければならないと思います。なぜなら、大勢の国民を巻き込んだ国と国同士の悪感情を招いてしまうからです。

以前、シンガポールはそのことで苦い経験をしました。シンガポールは、淡路島くらいの国土に人口四百万人が暮らす小さな国です。周りには、マレーシア、インドネシアなどの大きな国があります。ある時、シンガポールの大臣の一人が国防についての話をしていて、まるでマレーシアがシンガポールに攻めてくるようなことを言ってしまったのです。国防の大切さを言わんとして、ついうっかり勇み足発言をしてしまったのだと思います。

これが外交上の大問題になりました。マレーシア政府から「いったい誰がそんなことを言っているのか。マレーシアにはシンガポールに攻め入る意図など毛頭ない。わが国に対するいわれなき中傷である」と大抗議を受けました。勇み足発言をした大臣はすぐに謝罪をしましたが、それくらい、政治や外交における言葉は大切で重いものなのです。この一件もあって、シンガポールの政治家や外交官たちは、的確な言葉を使い、不用意な発言をしないよう、常に自らを鍛えています。小さな国だからこそ、外交を重視しているのです。

それに比べて日本の政治家は、一般的にまだまだ、自分が発する言葉の重要性ということを認識していないように思われてなりません。その証拠に、しばしば日本の政治家の発言が問題になります。講演会などで、聴衆へのサービス精神を発揮して、話を面白くするためについ口が滑ったのかもしれません。あるいはまた、島国の中でほぼ日本人だけで長く暮らしてきたという歴史的背景もあるせいか、身内意識で本音を話したのかもしれません。

しかし、どこで話そうと、これだけ通信網が発達した今、あっという間に世界に広がって問題にされる可能性があるということを、忘れないでいただきたいのです。

シンガポールでは麻薬を三グラム持っていたら死刑

この三十年で日本が変わったことは数えきれないほどありますが、とりわけ大きく変わったのは日本の治安だと思います。つい一昔か二昔前までは、日本ほど犯罪が少なく、犯罪の検挙率が高く、安全な国は他にありませんでした。私は世界中を旅していますが、日本に来ると、スリや置き引きの心配をしなくていいので、ほっとしたものです。ところが近年は、犯罪が増えただけでなく、犯罪の凶悪化や低年齢化が進み、外国人による事件も頻発して、安全神話がすっかり崩れてしまったのは残念な限りです。

私が特に懸念しているのは、近年、日本で覚せい剤を中心とする薬物汚染が広がっていることです。昔は、薬物に手を出しているのは、おそらく暴力団関係者など、限られたごく一部だったように思いますが、近年は未成年者を含む若者や一般家庭の主婦にまで広がっているという深刻な事態になっているようです。

外国人の密売人が増えて街角で売っているので、たやすく手に入るようになったことや、昔と違って、使用法が注射ではなく燃やして煙を吸引するようになったことなどが、若者たちの罪悪感や恐怖心を薄めて、煙草《たばこ》感覚で安易に薬物に手を出す原因になっているようです。

シンガポールでは、麻薬に関してはものすごく厳しく取り締まっています。麻薬を三グラム持っていて現行犯で逮捕されたら死刑です。日本の刑法については詳しくありませんが、日本の方に聞いた話では、日本では麻薬を三グラム持っていても、初犯だったらおそらく執行猶予か不起訴処分になるだろうということでした。

それに比べると、シンガポールの死刑はいかにも刑が厳しいと思われるでしょう。実際に死刑を執行したかどうかまでは私もわかりません。でも私は、死刑だと決めたことがとても大事だと思うのです。これは、建国当時にリー・クアンユー首相（現上級相）たち指導層が強力に進めたことです。つまり、麻薬がどんなに恐ろしいかということを国民に知らしめるために、あえて死刑と決めたのです。

実際、麻薬というのは、最初は興味本位で軽い気持ちで手を出しても、一度体験すると、癖になって常用せざるを得なくなるという怖さがあります。それが依存症です。薬物依存症になると、精神に異常をきたしたり、苛立ちや不安、ひどくなると幻覚や妄想に襲われたりして、時には犯罪に及ぶこともあります。要するに、その人の一生を滅ぼしてしまうわけです。だからこそ、麻薬を持っている人は、自分で使っている人も、人に売っている密売人も、当然の報いとして滅びるべきだということなのです。

シンガポールでこの法律を制定した時には、なぜ死刑に値するのかということについての説明が前もってありましたから、国内で「厳しすぎる」という反発はありませんでした。

日本も「麻薬を持っていたら死刑」にすべきだとは申しませんが、もう少し麻薬というものに対して厳しい認識を持つべきではないでしょうか。

私は、息子たちが若い頃、煙草を吸うことを禁じました。健康によくないからということもありますが、理由はそれだけではありません。若い人たちが、煙草を吸う時に、麻薬の粉を持ってきて煙草の先にちょっとつけて吸うと、病みつきになってしまうということを聞いていたからです。私は息子たちにそんなふうになってほしくなかったので、煙草を吸うことさえ断固禁止したわけです。子供が心身ともに健全に育つようにするのは、親の責任だからです。

一般的に、日本の親や大人は、子供たちや若い人たちに甘すぎるのではないでしょうか。現在の教育基本法は、個人の尊重を強調するだけで、公共心や公徳心、愛国心など、「公」の部分を重視してこなかったので、子供たちの個人の自由意思を尊重しているのかどうか知りませんが、自由とわがまま勝手とは、まったく違うものです。

本当の自由というのは、自主自立(自律)、自己責任、公共心や公徳心や他者への思いやりなどがきちんとあった上で、初めて成り立つものです。お互いが公共心や公徳心や他者への思いやりを持っていなければ、自分の自由もあり得ないからです。

今の若い世代は(最近は若い世代だけに限らないようですが)、そのあたりをはき違えているから、わがまま勝手で、傍若無人な振る舞いをする人たちが多いのでしょう。大勢の人の前で携帯電話を使ったり、道路に足を出して座り込んだり、電車の中で化粧をしたり、歩きながら煙草をスパスパ吸ったり、本当に目にあまる行為が多すぎます。

日本の大人は、こうした若者たちの行為に寛大であまり注意もしないようです。日本の知り合いによると、最近は下手に注意すると殴られたりするそうなので、見て見ないふりをしているのかもしれません。現実的に考えても、そういう注意は小さい子供には効きますが、ある程度大きくなってからでは遅いかもしれません。

私は、近年の青少年犯罪の増加と、自由をはき違えた若者たちの増加とは、無関係ではないと思っています。犯罪に走る子供たちを増やさないためには、親や教師だけでなく、社会全体で、小さい時から公共心や公徳心を教えることが必要だと思います。教育基本法も改正して、ぜひとも「公共心や公徳心を養う」という文言を盛り込んでいただきたいと思います。

見かけがいいこともリーダーの必要条件

今や国際会議の時代で、国連やサミットは言うに及ばず、いろいろなイッシュー（問題）をめぐって、事あるごとに、各国の政治家や外交官が集まって話し合いをしています。そういう国際会議のニュース映像を見ていて、いつも感じるのは、日本の政治家や外交官は外国の方々に比べるとどうも見劣りがするということです。

私が今ここで申し上げたいのは、日本人は一般に語学力が乏しくて、国際的な公用語である英語やフランス語などに堪能でないから、なんとなく見劣りがするということではありません。見かけそのもの、つまりは姿・形・容貌そのものが、外国の方々に比べると、魅力的ではないということなのです。

日本人は西欧人に比べて小柄だから見劣りしても仕方がないと、反論されるかもしれません。しかし、同じように小柄なアジアの政治家や外交官の中にも、風貌が立派で魅力的な人たちはたくさんいます。

私は、これからの日本の政治家や外交官には、姿・形・容貌がいいことが必要条件の一つになってくると思います。極端な言い方をすれば、見かけのよくない人、人相の悪い人は、政治家や外交官にはなるなというようなものです。

日本では、美人をもてはやしても、いわゆる二枚目やハンサムな男性に対しては、少し軽く見るような傾向があるように思います。特に年配の方々は、「男は見かけじゃない。中身だ」と言って、見かけを気にしないだけでなく、見かけを気にするような男性を軽蔑するふうさえあります。もちろん、中身は一番大切です。

しかし、今やテレビ時代になって、国の内外でいつでもカメラに撮られる状態にあるのですから、一国を代表するような立場にある政治家や外交官の方々にはとりわけ、服装や髪型を含めた見かけにも十分に気をつけていただきたいのです。人はまず視覚に入ってくるもので判断や評価をします。最初に見た印象がいいか悪いかは、思いのほか、大きな影響があると思うのです。

例えば、ケネディやクリントンがなぜアメリカの大統領になれたかというと、私は、半分は見かけではないかと思っています。ご承知のように、彼らはなかなかのハンサムで、洋服や髪型などのおしゃれにも気を使っていました。女性にもずいぶんもてたようです。アメリカの大統領選挙はメディア選挙と言われるほどなので、大統領を目指そうというような政治家は、普段から洋服のコーディネーターなどの専門家にアドバイスを受けて、見かけをよくすることにも努力しているのです。私には、彼らがそんなに頭がいいとも切れ者とも思えませんでしたから、たぶんそのチャーミングな見かけが大統領になることを助けたに違いありません。それくらい見かけも大切なのです。

私は、香港やシンガポールに住んで、星虎有限公司（注：「タイガーバーム」製造元）のオーナー家として実業にも携わってきた関係で、東南アジアの指導者の方々ともおつきあいがあるのですが、亡くなったインドネシアのスカルノ元大統領にしても、マレーシアのマハティール前首相にしても、わがシンガポールのリー・クアンユー上級相（前首相）にしても、みなさんそれぞれにチャーミングなところがありました。そういうものを持っていないとディクテイター（指令者）には絶対になれない、国父たり得ないというのが、彼らを見てきた私の確信です。

以前、テレビ番組である大学の先生がお話しになったのをたまたま聞いたのですが、中国の古い文献を調べていたら、「日本から送られてくる遣唐使はみな美丈夫である」というくだりがあったそうです。そこで、改めて日本側の文献にも当たってみると、「頭が良く、なおかつ美丈夫で、中国語を覚えられる要素がある」ということが、遣唐使の条件として書いてあったとのことでした。その頃から、外国に国を代表していく人はちゃんと美丈夫だったのです。古《いにしえ》の人のほうがよくわかっているという感じがします。

最近は、日本の政治家も選挙ポスターを撮る時やテレビに出る時などには、服装や髪型には気をつけるようになったようですが、特別の時だけでなく、普段からファッションや礼儀作法に気をつけてほしいものです。そういうことに気を使うことは、少しも女々しいことではないのです。本人があまり身なりに構わない場合には、家族の方とか周りの方が気を配ってあげるべきです。

語学が不得手ならせめて見かけから、と言うと、皮肉に聞こえるかもしれませんが、国際社会の中で日本の政治家や外交官が見劣りすることが多いので、あえて申し上げる次第です。

外国語の前に、日本語で自分の思考を述べる訓練を

これだけ国際化が進んでいる時代ですから、日本の政治家も、本当はせめて国際公用語の英

語くらいは話せることが望ましいのですが、政治家が必ずしも語学に堪能である必要はないと思います。なぜならば、政治上の複雑で専門的で微妙な交渉をするためには、母国語と同じくらい自由に外国語を使いこなすことができなければならないからです。

ヨーロッパの政治家は、母国語と英語を含む三ヵ国語くらい話すのは普通ですし、かつて西欧の植民地だった東南アジア諸国の政治家も英語は堪能ですが、日本の政治家で語学に堪能な人は少ないようです。中途半端な語学力なら、少なくとも大事な交渉事の場では、無理して外国語を使うべきではありません。それよりも正しく美しい日本語を話していただきたいものです。

その上で、それぞれの専門分野に精通した通訳を育てたほうが賢明だと思います。例えば、ただ英語なら英語ができる通訳というのではなくて、農業分野に精通した通訳、科学分野に精通した通訳というように。つまり、農業問題について交渉する時に、農業問題に長《た》けている人が通訳するのと、全然わからない人が通訳するのとでは、交渉の中身に大いに差が出てくるからです。

私が日本の政治家に求めたいのは、英語を鍛えるよりは、まずは日本語を鍛えて、日本語で自分の思考をしっかりと述べることができる下地をつくってほしいということです。昔は日本にも、いわゆる論客と言われる政治家がいて、聞きほれるほど滔々《とうとう》と、文学や歴史や哲学の話を交えながら自分の政治信条や政策を述べていました。しかし、日本で今、論客と呼ぶに値するような人がいるでしょうか。残念ながら私にはあまり見当たりません。もちろん、みなさんそれなりに政策の話はおできになるでしょうが、そこに深い哲学や教養がにじみ出ていないのです。だから、話が上滑りするだけで、相手に訴えてくるものが少ないような気がします。

例えば、石原慎太郎東京都知事は、作家で文学にも長けていらっしゃるのですから、政治の話の中にもっと文学や哲学の話が出てきてもいいと思うのですが、あまりそういう印象はありません。小泉純一郎首相がたまに「米百俵の精神で」とかおっしゃったりしますが、あの調子でいいのです。自分が政治以外のいろんなことを知っているということを、政治の話をする時にも、自分の言葉で適切に発表していただきたいのです。

日本では、昔は「男は余計なことは話すべきではない」という風潮があったので、そういうことが災いをしているのかもしれません。佐賀県出身のある男性から、「われわれは葉隠武士の子孫だから、余計なむだ話はしないのです」という話を聞かされたことがあります。それを聞いて私は、英語の「エンプティ・ケトル」という言葉を思い浮かべました。空のやかんはカタカタと音がしますが、中に水がたっぷり入っていれば音はしない。つまりこれは、中身のない人間ほどよくしゃべるとか、中身がない人間は、話すと中身がないことがわかってしまうから、余計なことは話すなという意味です。そういうことからすると、日本の政治家は、話すべき中身がないから、話も下手なのかなと思ってしまいます。

外国では、政治家とか官僚とか経営者とか、少なくとも人の上に立つような人たちは、若い時から文学や哲学などの本をたくさん読んで、いわゆる教養を身につけています。例えば、英国のインテリ層なら、必ず若い頃にシェークスピアを読んでいると思います。シェークスピアには、世の中の不条理や人間の機微が全部書いてあるので、それを若い頃から読んでおいて、世間に出てから役立てようとしているのです。中国のインテリ層も、『荘子』や『論語』や『三国志』を読んで、哲学的なものの考え方や戦略的思考を身につけています。

それに対して、日本の政治家はあまり本を読んでいないのか、教養がないように感じられてなりません。日本にも『源氏物語』とか『平家物語』といった古典がありますが、ああいうものをいくら読んでも、少なくともリーダーたるものの教養にはならないというのが私の意見です。例えば、女性の機微を知るには『源氏物語』でもいいかもしれませんが、『源氏物語』に限らず、一般に日本の長編小説は、こちょこちょとした恋愛物語や私小説ばかりで、外国の長編小説に比べると、人間の奥底への切り込み方、社会の不条理に対する哲学的な掘り下げ方がないからです。

日本人は、食べるものが淡白なので、もしかしたら、精神的にもあっさりとしていて、物事を深く掘り下げて考えるということがもともと不得手なのかもしれません。

そのことで思い出すことがあります。私は、胡家の胡一虎《オーイッホウ》と結婚した時に、日本から日本の蒔絵の箪笥とか戸棚とかお膳とかを持っていったのですが、ある日、私が箪笥の前を歩いていたら、カサカサカサカサと音がするのです。なんだろうと思って、箪笥をあけて調べてみたら、黒い漆《うるし》の部分だけ残して、中身の木のところがシロアリに食べられていて、ちょっとさわったら割れてしまいました。中国の箪笥は食べられていないのに、私が日本から持っていった箪笥だけがシロアリに食べられていたのです。

私は不思議に思って、義母に「中国の箪笥は一つも食べられていないのに、どうして私が日本から持ってきた箪笥は食べられちゃったのでしょう」と聞きました。そしたら、義母は「ああ、それは白木でできているからですよ。中国の家具は赤い木で作ってあるから、材質が堅くてシロアリも食べられないけど、日本の家具は材質が柔らかい白木で作ってあるから、虫に好かれるのよ」と言われました。お義母様のほうがよく知っていたのです。これは日本人と中国人のメンタリティーの違いを表わす象徴的な話だと思いました。

日本の政治家も、外国との交渉事で白木の箪笥のようにならないように、深い哲学を身につけ、日本語を鍛えて、世界の政治家と互角に渡り合えるような力を持たなければいけないと思います。そのためには、若い時から意識して、普段の生活の中できちんと訓練していく必要があります。

ちなみに、中国では「論客」とは言わないで、「説客《ぜいかく》」と言います。日本の「論客」というのは、自分の論を述べるだけで、相手を納得させるという意味が入っていませんが、話すからには相手を納得させなければいけないというのが中国の哲学なのです。ここにも日本人と中国人のメンタリティーの差があると思います。

節度があって顔が見える開発援助を

日本は経済力が世界第二位になったせいか、変な大国意識があって、国連への協力金も、発展途上国へのＯＤＡ（政府開発援助）も、アメリカについで二番目に出しています。一生懸命働いて納めた税金の中から、これだけ世界のためにお金を出しているのですから、世界から感謝されたり尊敬されたりしたいと思うのが、正直な国民感情だと思うのですが、湾岸戦争の時の例でもわかるように、残念ながらなかなかそのようにはなっていません。

過日、ＮＨＫの番組で、日本のＯＤＡの問題を取り上げているのをたまたま見ました。それによると、現在、日本は年間約八千六百億円もの援助をしているそうですが、タイでは、タイ政府が日本のＯＤＡで工場用の汚水処理場を建設しようとしたところ、環境悪化を懸念した住民の反対運動にあって中断し、ＯＤＡを日本に弁済することになったとのことでした。

またインドネシアでは、水力発電のダム建設をめぐって、地元の住民が環境悪化を理由にインドネシア政府を相手取って裁判を起こし、そのダム建設に際して開発援助をした日本政府に対しても、責任を追及するために、日本で裁判を起こすというものでした。これは日本のＯＤＡが現地の住民から訴えられる初の裁判だということでした。

私はそれを聞いて、とうとうそういうことになってしまったかと、暗然たる気持ちになりました。

なぜかと言うと、私は長く香港やシンガポールに住んでいる関係で、大分以前から、日本のＯＤＡに対する現地の苦情をたくさん聞いていたからです。インドネシアでは日本から供与された機械が使われないまま錆びてしまったとか、タイではＯＤＡで造られた研究所が結局は鶏小屋になってしまったとか。要するに、日本のＯＤＡが必ずしも東南アジアの現地国民や住民から感謝されていないという実態を知っていたのです。

なぜそういうことになるかと言うと、日本のＯＤＡは、一応相手国からの要請を受けてやることにはなっているようですが、実はその裏では、日本の政治家や企業が暗躍していて、現地政府の要人に賄賂などを使って開発を働きかけ、ＯＤＡが決まると、その開発のほとんどを日本の企業が受注して、日本の仕様で現地の都合を考えない開発をしていました。しかも、その時に、受注額の一割とか二割とかが、何らかの形で日本の政治家に還流しているというのは、少なくとも私が知るかぎり、以前は公然の秘密でした。そうしたことが現地の国民や住民から反発を買っていたのです。

今から二十年ぐらい前、故渡辺美智雄氏が大蔵大臣だった時に、私はそのことをわざわざシンガポールから進言しにきました。「ＯＤＡが必ずしも現地の役に立っていないだけでなく、住民から苦情が出ているので、十分に現地のことを考えた上でやらないと、いずれ大きな問題になってしまいます」と。そしたら、渡辺さんは怒って、「そんなことはない。現地政府から喜ばれている」とおっしゃっていましたが、結局、その後も日本はODAのやり方を変えなかったので、私が懸念していたような事態が起きてしまったわけです。

日本人は独りよがりなところがあって、相手方の立場に立った考え方ができない傾向があります。例えば個人の贈り物がそうです。日本は贈答文化の国なので、贈り物をよくします。本来、贈り物というのは、相手の方に本当に喜んでもらえそうなものを見繕ってするものです。ですから、贈り物をするというのは、実は大変な気苦労を伴うものなのです。ところが、日本人の場合は、とにかく何か贈るということが大事で、あまり相手のことは考えていない。だから、相手が嫌いかもしれないのに、虎屋のようかんとか佃煮とかが定番になってしまうわけです。

ODAについてもまったく同じことが言えて、相手国の発展の状況や生活レベルといったことをよく考えないで、単に自分の都合で、ODAだからありがたく受け取ってくださいみたいな押しつけがましいやり方では、せっかくの援助が生きたものにはなりません。お世話をやくのは結構ですが、例えば、お金は日本で提供しても、設計や工事は現地に任せて、あとで援助がきちんと生かされているかどうかをチェックするというようなやり方に変えたらどうでしょうか。

日本も不況が長引いて、財政状況も厳しくなっていることから、ODAについても見直して、従来のような人道的援助から日本の国益を重視した顔の見える援助へと方針を変えるとのことですが、問題は中身です。自分の都合で押しつけるのではなくて、相手国から本当に感謝される形での援助にしていただきたいと思います。

大国であるより尊敬される国に

お金がいくらあっても、中身がよくなければ尊敬されないのは、個人でも国家でも同じです。経済援助で世界に貢献することも、それはそれでいいことですが、それと同時に、日本が世界から尊敬される国家になるためには、日本人一人ひとりが尊敬されるような人間になる努力をしなければならないと思います。経済大国になったからといって、仮にもそのことに驕って、威張り散らすようなことがあってはならないと思います。特に海外ではそのことに気をつけていただきたいものです。

日本人は、偉い人には必要以上にぺこぺこしますが、身分の低い人や貧しい人たちには見下すような態度をとるようなところがあります。あるいは、欧米人に対しては腰が低いのに、東南アジアの人たちに対しては尊大な態度をとりがちです。こうした態度はぜひとも改めていただきたいのです。

日本は、国民の努力だけでなく、さまざまな幸運があって経済的に豊かな国になれたのですから、「実るほど頭をたれる稲穂かな」で、常に謙虚な態度で、弱い立場の人に対する思いやりを忘れず、どの国の人たちからも尊敬される国民になっていただきたいと思います。本当に立派な人間というのは決して威張りません。威張らなくても、おのずからその立派さが表われるからです。

ヨーロッパには、「ノーブレス・オブリージュ」と言って、高貴な身分の人、人の上に立つような人、裕福な人は、人々のお手本になるような生き方をする義務と責任があるという教えがあります。日本でも昔はそうでした。上流社会にいる人間には、他の人のお手本になるような生き方をするだけでなく、若い人たちを立派な人間に育てていくという義侠心のようなものがありました。ですから、自分の郷里の若い人たちを、書生さんとか行儀見習いという形で預かって、学校に通わせたりお稽古事をさせたりして、面倒を見たわけです。

今の日本には、お金持ちはいても、いわゆる上流階級は皇室関係以外なくなってしまいました。ですから私は、日本人に上流になる必要はないから、上等な人になっていただきたいと思っているのです。上等な人というのは、昔から日本人が重んじてきた礼儀作法をわきまえ、自分の国の歴史や文化を大切にし、他者への思いやりのある人のことです。

西欧の礼儀と日本の礼儀とアジアの礼儀はそれぞれ違いますが、たとえ違っていても、自分の国の礼儀作法をわきまえていれば、つまり日本人としてきちんとしていれば、国際的にもちゃんと通用します。必ずしも握手しなくてもいいし、抱擁しなくてもいいし、頬にキスをする必要もないのです。日本にはそういう習慣がないということは、相手もわかってくれます。

西洋では、いくらお金があっても、礼儀作法を知らなければ上流階級には入れてもらえません。周囲からボイコットされて孤立無援になってしまいます。伝統的な階級社会のあるヨーロッパにおいてだけでなく、自由の国アメリカにおいてさえ、そういう厳しさがあります。ですから、自分一代でお金持ちになったような人は、公爵家に仕えていた人とか名門ホテルのベテラン・マネージャーなどを雇い入れて、徹底的にマナーを教わるのです。そのマナーの中には、他者への思いやりや弱い者をいたわる心なども入っています。

今の日本にはそういう社会の厳しさがないことが問題だと思います。日本では、お金がある人が一応強いものとなっているので、礼儀作法を知らなくても、他者への思いやりに欠けても、少なくとも表面上は、周囲からボイコットされることはありません。そのために、お金だけは持っているけれども、他人から尊敬されるような人間が生まれないわけです。

これは実は日本という国と同じなのです。いくら世界の経済大国になっても、お金があるだけでは尊敬されないのです。それよりも、礼儀作法をわきまえ、他者への思いやりにあふれた平和な国民になることのほうがずっと大切なことです。

たとえ将来、自衛隊が軍隊に変わろうとも、「あんなにお行儀のいい優しそうな国民が二度と戦争をするはずがない」と世界の人たちに思ってもらえることが大切なのです。

東南アジアの大東亜戦争観

日本人は、東南アジア諸国に対してとても複雑なメンタリティーを持っているようです。一方で戦争で迷惑をかけたという贖罪《しょくざい》意識があるかと思うと、もう一方では、東南アジア諸国に対して非常に品格のない優越感を持っているように見受けられます。

戦後六十年近くたって、加害者である日本でも、被害者である東南アジア諸国でも、戦争を知らない世代が圧倒的に多くなっていますが、過去の歴史を正しく認識した上で、贖罪意識でも優越感でもなく、同じアジアの隣人として、中庸な態度でおつきあいしていくことが大切だと思います。

東南アジア諸国の多くは、大東亜戦争には反対しませんでした。東南アジア諸国をヨーロッパの植民地支配から解放するという大義名分があったからです。私はインドネシアのスカルノ大統領からじかに聞いたことがあります。彼は「大東亜戦争のおかげで自分たちは独立できたと思っている。その点では非常に日本には感謝している」と言っていました。亡くなった主人の父の胡文虎《オーブンホウ》がインドネシアのスカルノ元大統領と懇意にしていた関係で、私もスカルノ氏とはいろいろとお話しする機会が多かったのですが、スカルノ氏から「西欧人のアジア支配に対して戦った日本はすばらしい。だから、インドネシアが独立する時に、日本の国旗を真似て、自分の国の国旗を赤と白に分けた」と聞きました。そのくらい日本を尊敬していたのです。このことは日本の全国民が知るべきだと思います。

しかし、大東亜戦争には賛成した東南アジア諸国も、「八紘一宇《はっこういちう》」には反対していました。八紘一宇には日本が東南アジア諸国を牛耳ろうとする考え方があったからです。事実、日本は、西欧諸国をアジアから追い出したあと、東南アジア諸国を植民地支配しました。しかも、その統治の仕方がとても下手だった。それぞれの国には、それぞれの文化や宗教や習慣があるのに、それを無視して、地名や人名を日本風に変えさせたり、神社を作って現地の人にも拝ませたりしました。また軍隊式の「オイ」「コラ」「きさま」を現地の人たちに対しても使って、威張り散らしたので、日本が植民地にした国からとても恨まれたわけです。日本は何でも自分の物差しを出してきて測るという悪癖があります。アメリカもそういうところがある。だから、アメリカと日本は他の国から嫌われるのです。

日本で、日本の太平洋戦争と植民地支配を肯定したがる人たちは、イギリスやオランダやスペインの植民地統治は搾取するだけのひどいものだったが、それに比べると、日本の植民地統治はなかなか良心的だったということを盛んに言っています。しかし、東南アジア諸国から見れば、同じ統治した者としてイギリスと日本とどちらが好きかといったら、それはやはりイギリスということなのです。インドネシアも同じくオランダを尊敬しています。

それはなぜかと言うと、イギリスは統治の仕方が上手で、お行儀もよく、とても威厳があったからです。威厳はあるが、威張っている感じではなかった。シンガポール、マレーシア、ミャンマーは英国の植民地で、イギリス人も現地に自分たちの生活洋式を持ちこんできましたが、それを現地の人に押しつけるということはしませんでした。現地の人の前に立つときは、暑くてもリーダーとして洋服はきちんとしたものに着がえ、礼儀正しく対しました。私の主人も、「イギリス人は悪賢かったが、礼儀正しく威厳があった」と言っていました。それに対して日本人は、暑いとなれば裸で現地の人の前で命令をする。これでは尊敬されません。

戦後の日本人が東南アジアで評判が悪いのも、戦前と同様、行儀が悪く、自分たちのやり方を押しつけようとするところがあるからです。東南アジアには今も八紘一宇への根強いアレルギーがあります。つまり日本に支配されたくないと強く思っているのです。かつてアメリカはアジアで自分たちのやり方を押しつけたために、現地の人から「アメリカン・ゴー・ホーム」と言われました。今もイラクで同じようなことが起こっています。日本人も今までのような態度を改めないと、いつ「ジャパニーズ・ゴー・ホーム」と言われるかわからないのです。

日本の男の人は、海を渡れば外国人だからか、今でも海外ではお行儀が悪く、とても評判が悪いことを知っておいていただきたいと思います。まず丁寧な言葉を使ってください。英語にも敬語があるし、中国語にだって敬語があります。どこの国にも敬語はあるのですから、よその国に行くのなら、ちょっと敬語ぐらい習っていってほしいと思います。使っている秘書にも丁寧な言葉を使うこと。それから女の人に優しくものを言う習慣をつけてもらいたい。外国の女の人は、「オイ」なんて言われると驚いてしまいます。東南アジア諸国は、植民地であったがために、西洋流の礼儀作法を心得ています。

それとやたらと女性に手を出さないこと。酔っぱらわないこと。この三つを守っていただきたいのです。どんなに偉そうなことを言っても、お行儀よくしないと、誰からも尊敬されないということを忘れないでいただきたいと思います。

「セックス・クレージー」と言われないように

日本のある企業が中国に団体で旅行した際、宿泊したホテルに中国人のコンパニオンを呼んで集団買春をしたということが大きく報じられました。その企業の関係者は、「集団買春は絶対にしていない。個人的にそういうことを行なった社員がいる可能性はあるが……」と釈明していましたが、中国側でもこの件が問題となったため、日本の外務省は海外で風紀を乱すような行為を慎むよう、旅行会社に協力を求めたそうです。

この件についての真偽は私にはもちろんわかりませんが、日本人の男性が外国、特にアジアの国々に行って買春をしているのは有名な話です。飲む、打つ、買うは人間の持つ三大悪癖で、宗教もこれを取り締まることができないでいます。ですから、そういう意味では日本人だけを云々するつもりはありませんが、日本人の場合問題なのは、一人で行くのではなく団体で行くのです。世界広しといえども、団体で買春に行くのは日本人くらいなものです。

日本国内であれば、日本語が通じるので一人で行くのかもしれませんが、海外では言葉が通じなくて不安なのか、それとも旅の恥はかき捨てと思っているのか、みんなもやっているから自分もという甘えた気持ちなのか、よくわかりませんが、とにかくいろいろな要素があって集団で行くようです。だからこそ目立ってしまって、日本人の買春は世界中で悪名高くなっているのです。アメリカ人は日本人のことを「カメラ・クレージー、マネー・クレージー、セックス・クレージー」と言っています。

日本の男性は、概して女性を口説くのがお上手ではないので、自力では一般の女性を口説けなくて、お金を出してプロの女性のお世話になるのでしょう。お世話になるならお世話になるで、もっとお上手になさっていただきたいものです。

それが日本の女性でも外国の女性でも、プロの女性でも、女性を口説く時に、ただセックスだけが目的であるようなスタイルではいけないと思います。それは、たとえプロの女性が相手であっても女性に対する侮辱です。彼女たちにも人格はあるのです。

男の方にはやはり、ロマンチックな雰囲気を演出する努力をしていただきたいものです。昔、インドネシアのスカルノ元大統領が私に言っていました。あの方も艶福家で、女性にずいぶんラブレターを書いていたようでしたが、「政治の交渉能力も、外交もビジネスも女性を口説くのも、誠実に、情熱を持って、テクニックを駆使してやらなければならないという点では、すべて同じだ」と。

最近、日本の政治家が愛人だった女性から関係を暴露されるということが何回かありましたが、私が思うに、やはり女の人を囲うにしても、セックスだけが目的で心を配ってあげないから、あるいはどこかで恨まれるような扱いをしているから、あとで暴露されるようなことになってしまうのではないでしょうか。本当に愛情があれば、たとえ別れたあとでも、あんなことになるわけがないと思います。

ですから、すべてにおいて日本人は下手なのです。日本男児がよろしく世界を相手にするのなら、ちゃんと学習しておいてくださいと申し上げたいのです。忙しいから、そんなことを勉強している暇はないというのなら、仕方がありません。女性と親しくなりたいと思うこともおやめくださいな。プロの女性を相手にする場合でも、せめて一人で交渉してください。ばれないように。

もしも、東南アジアで買春をしている日本の男の人たちが、俺たちは貧しい国の人たちにお金を落としてやっているのだから、文句を言われることはないなどと考えているとしたら、なおのこと大問題です。それでは「戦争で迷惑をかけて申しわけなかった」という謝りは何なのかということになってしまいます。反省していないというふうに受けとられる。とにかく、日本の男性のそういう不健全で国の品位を汚すような行為は、厳《げん》に慎んでもらいたいし、自制ができないなら、当局に取り締まりを強化していただくしかないと思います。

日本の感傷的外交は国威を落としている

日本が過去に犯した罪に対して、中国や韓国はいまだに靖国神社参拝問題とか従軍慰安婦問題とか教科書問題といった形で、日本を追及することがあります。日本政府は、そのたびに謝罪してきましたが、こうした感傷的な外交は日本の国威を落とすだけです。もっと毅然とした態度でのぞんでほしいと思います。

日本人ほど、他国の人が日本をどう思っているかを気にする国民はいません。日本人は世間体が大事で、いつも世間体を気にして生きているからでしょう。しかし、日本人が思っているほど、世界の人は日本のことを何とも思っていません。自分に直接関係がないかぎり、他国のことや他人のことはどうでもいいと思っているのです。

日本では、例えば夏に毛皮を着ていたら、「おかしいわ、夏に毛皮を着て」などと言いますが、外国ではそんなことは言いません。人は人、自分は自分という意識がはっきりしているので、夏に毛皮を着ている人を見ても、「ああ、風邪でもひいたのかな」という程度のことです。

日本の首相の靖国神社参拝の問題にしても、日本のメディアは中国から何か言われるたびに大騒ぎしていますが、中国の約十四億人の国民のうち、日本の首相の靖国参拝を問題にしている人は政府上層部のせいぜい一握りの人たちくらいで、他の圧倒的大多数の国民は、靖国神社の何たるかだけでなく、その名前すら知らないはずです。自分に関係がないことには関心を持たないというメンタリティーがあるからです。

戦後五十八年たって、前の戦争のことをあまり知らない人もたくさんいます。しかも、他国の一般の人は、ある国や組織がやったことをその国民全部のせいにしたりはしません。例えば、私の義理の母は、戦争中に日本の憲兵に「お金をどこに隠したのか」と言って拷問を受けたことがあったそうです。しかし、そのことを一度も私に言ったことがありませんでした。そのために、私をいじめたこともありません。

私の姑だけではありません。彼女の知人の中国人のお金持ちの奥さんたちも同じような目にあっているのですが、その人たちが、私にそのことを言ったことはただの一度もありません。なぜならば、彼女たちは、憲兵と私とはまったく違う人間だと思っているので、十把一絡《じっぱひとから》げで「日本人は」などと言わないのです。

むしろそういうことをする傾向があるのは、日本人のほうではないでしょうか。私はそのことを強調したい。ですから、これからの日本の方たちは、十把一絡げで「中国人は」とか「アメリカ人は」とやらないほうがいいと思います。同じ国籍を持っていても、人はそれぞれ違うのですから。アメリカには百何十種類もの民族が集まっています。いわゆる「アメリカ人」という人種はいないという認識を持っていただきたいと思います。

中国や韓国が戦争中の日本の行為をたびたび取り上げるのは、彼らの外交カードの一つにすぎないということを知る必要があります。その問題を出すと、日本はとたんに腰砕けになって土下座外交をしてきたという経緯があるので、自国に事を有利に運ぶための交渉カードの一つとして用いているのです。

中国人は外交や交渉が非常に上手です。それは彼らのDNAに刷り込まれている上に、普段から碁やマージャンなどのゲームを通じて、戦略的思考をする頭の訓練もしているからです。西洋人と闘う時のために、カードでポーカーの練習もしています。四枚は開いて相手に見せておいて、五枚目だけ伏せておき、その一枚だけで勝負をする。日本人も、こういうゲームもやって、戦略的思考を身につける練習をすればよいと思います。

日本でも、麻雀のうまい方は、拾ってきたまま並べるだけでしょう。あれも、下手な人ほど、同じパイをそろえて並べたりして、相手に手のうちを読まれてしまうわけです。それから、日本人は捨てるパイをちゃんと前に置きますが、中国人はパーッとやって、何を捨てたか相手にわからないようにします。

日本ではそういうことをすると、フェアなやり方ではないと言って非難されるようですが、少なくとも他国の人は、こと外交交渉においてはフェアではないと思ってほしいのです。外交交渉においては、自国の利益を守ることこそが「フェア」なのです。その証拠に、フェアであることを重んじているはずのアメリカが、外交においては非常に利己的に振る舞っています。日本も、自分がフェアだから向こうもフェアだろうとは、間違っても思わないでいただきたいのです。今の中国人は孔子様の子孫ではないのです。外交上手な中国人と渡り合うためには、日本も大人になる必要があるのではないでしょうか。

陥れられやすい日本人

日本に悪い印象しか持っていない他国人が、私が日本人であることを知らないで、日本人の持つ弱点や悪事のことを話してくれる時があります。私は黙って聞き、それに対して弁護の役を買って出ることにしています。私には関係のないことだとは思いません。なぜなら私も元日本人であり、今も日本人だと考えているからです。

日本人には悪い癖があって、人の悪口を黙っておとなしく聞いていることが行儀のよい行ないだと信じている人が多いように思います。ですから、知人の悪口を聞いても、「私はあの方と〇年間おつきあいをしておりますが、あの方にはこんなよい面もおありです」とは決して言いません。それだけならまだしもいいのですが、その悪口を聞いたあげく、「何々さんがあなたのことをこんなふうに言っていた」とわざわざ告げ口をする程度の低い人もいます。その結果、人間関係にトラブルが生じて、悪口を言った人と言われた人が冷戦状態になったり熱戦に入ったりすることもあります。世の中にはまた、そういう他人同士のトラブルを引き起こしてひそかに楽しんでいる人もいるので、よくよく気をつけなければいけないと思うのです。

その場の話はその場限りにするのがよいと思います。その時の雰囲気で、それは悪口ではなかったかもしれないからです。例えばある人が「あの人はお金を貯めるのが好きですね」と言ったのは、けなしたり軽蔑したりという響きではなく、むしろ褒めたのかもしれません。仮に、知人のことを思って、そんな話があったことを忠告する意味で伝えるのなら、親切な味をこめて伝えるべきです。私は誠意はいつか必ず通じると信じています。

私がなぜこんな話をしたかというと、日本の外交にも、他の国に陥れられやすい危うさを感じるからなのです。日本は外交が下手だとはよく言われることですが、その理由の一端は、日本人が、よく言えば素直で従順、悪く言えば単純で、策略に弱い面があるからです。

かつての英国のように、国の政策として二つの勢力をいがみ合わせて漁夫の利を得ようとする国も存在するのです。仕組まれた策略には乗らないようにしなければなりません。日本は謀略戦に弱い国に属するそうです。私もそう思います。日本を陥れるには軍隊は必要ではなく、石油を絶ち、謀略をしかければよいのです。

自衛隊に予算をかけるとともに、この謀略戦対策のほうの教育もやらないことには、人心に不満が多くなると特に危険です。なんでもよい、そこから逃れ出ることができればと、新しい、よさそうなことを言われると、その気になる下地ができている時にはなお危ないと思います。人の言うことに耳を傾けるのは大切なことです。しかし、その内容をよく吟味し噛みしめてみる必要があります。

日本人に限らず、人間はくり返し言われることに弱くできています。三度目ぐらいでころりといく話がたくさんあります。他国人が日本の商売敵同士をあやつるのは易しいと言っています。日本人は横の連絡をしないからです。

他国や他人に陥れられないように、いつでも物事の真偽を確かめてほしいものです。

プロの少なくなった日本

最近日本でつくづく感じるのは、プロが少なくなったことです。ホテル、レストラン、料理屋、デパート、いたるところ、素人ばかりの寄り集まりのようです。昔は、魚屋は魚屋の誇りを持ち、大工は職人気質をかたくなに保っていました。私にまかしておいてくださいという誇りがあったように思います。料理屋の女将も芸者も、着物の着付けから心くばりまで、皆プロでした。

私は幼い時から父に連れられて、一緒に数々の遊び場に出入りしているのでよく知っています。日舞の初代・花柳寿美さんの印象は深く忘れることができません。とびきり美しい女性だとは思いませんでしたが、とても頭の切れる人だと思ったことは覚えています。女優の入江たか子さんの気品のある美しさも、息をのむほどでした。そして、みなそれぞれ個性がありました。芸者さんでも、厳しい修業が過去にあったから、座敷に出た時、子供の私にも何か感じさせるものがあったのではないでしょうか。現在は上品な香りを放つ美になかなかめぐり合えないのはどうしたことでしょう。心構えが違うからでしょうか。

母が病弱であちらこちらの病院に長いこと入院していたので覚えているのですが、今のように忙しくなかったせいか、看護師さんにも温かさが感じられました。今は病気になるのも二の足を踏むほどです。あんなにつっけんどんに取り扱われるのでは。

昔はこぢんまりした旅館があり、親切な仲居さんがいるので温泉に行くのも楽しみでしたが……。私も年をとってしまったのか、ワイワイガヤガヤしている花見などに行って、紙くずの山にはがっかりします。

私の知っている美しい日本はどこにいってしまったのでしょうか。駅でも電車でも汽車でも、親切な人がたくさんいたのに。物資があふれ、交通が便利になったことで、人間の心がすり減らされてしまったのでしょうか。

第二章　東南アジアとのつきあい方

けしからぬ〝欧米優先主義〟

香港やシンガポールで長く暮らしてきた私が、いつも遺憾に思うのは、日本の欧米優先主義です。アメリカやヨーロッパには非常に気を使う割に、アジアに気を使っている様子があまりありません。外交官、商社にしても、第一級の人をアジアには送ってきません。もちろん、日本には日本国内での慣例があり、そうしたことが容易に可能でないことは理解できますが、若くて上等な人（心が豊かでスマートな人）を、どしどし養成してこの地域に送ってくるべきです。

明治時代に教育制度を確立して、高い水準の教育を保つ日本人に比べて、東南アジアの人たちの一般的な教育水準が低いことは確かです。しかし、それでも彼らの嗅覚はすこぶる鋭く、誰が信頼に足り、誰をだませるか、すばやくのみ込む感覚が発達していることを銘記しておくことは大切だと思います。

また、お金持ちの家庭では、百パーセント子女を欧米に留学させているので、英語あるいは仏語は第二の国語であり、その生活態度、感覚もすこぶる欧米的であることも知っていてほしいと思います。GDP第二位の大国民などと日本人がそり返ったら、たちまち、腹の中で軽蔑されること疑いなしです。成り金的態度は改めなければいけないと思います。

私たちは、アメリカからいろいろ学んだはずです。アメリカがたくさんのミステイクを犯してくれたおかげで、私たちは、同じような愚を再びくり返さずに済むはずではないでしょうか。稲の穂は、今やたわわに実ったのですから、その穂は頭を下げなければならないし、鷹に能力があることがわかったのですから、爪は隠さなければなりません。世界の人たちに、仮にも日本人は「次の瞬間、何をしでかすかわからない集団」というような印象を与えてはならないと思います。

世界平和を求めるために、すべての努力は払われるべきで、あらゆる英知はそのために結集すべきです。日本人は、もともと親切な優しい国民でした。経済的な向上を、物の豊かさを追い求めることばかりに使うのではなく、心のゆとりを持つことに使うべきです。日本を兄姉と思っている東南アジアの人々の信頼に、十分応えなければならないと思います。

世界地図をもう一度ごらんいただきたいのです。日本の置かれている立場がよくおわかりになることでしょう。ＧＤＰ第二位に酔うことなく、いつも自分たちより恵まれない人たちが地球に存在することを忘れないようにしていただきたい。そしてまた、「ジャパニーズ・ゴー・ホーム」などと、他国人から言われないように気をつけていただきたいのです。

美しいすばらしい日本の人々が、世界第一流の魅力的な国民であるように、どうか努力していただきたいと思います。

中小企業の東南アジア進出

かなり以前から、日本で中小企業を営む人たちの中で東南アジアに進出している人が増えています。公害対策、物価高、原料入手難、労働力不足のために、あるいは、他の人が出かけていったから私もという「バスに乗り遅れまい主義」のために、交通地獄から逃れて東南アジアに来る人々が、とても多いのです。進出されることは、それはそれでまことに結構なのですが、その進出の際の構想が貧弱なので困ります。

はなはだしい例をあげれば、進出しようとする国の事情について何の調査も知識も持たず、他の日本人がすでに成功しているからとばかり、「必要なのは闘志だけ」式の人がいるのです。以前、神田で百人ばかりの従業員をかかえて印刷業を営む人が、「ゴミゴミした東京にあきあきした。緑の美しいシンガポールに支店を開いて、休養がてら時々訪れ住んでみたい」という希望で、日本の大手印刷会社のシンガポール支店を頼ってみえました。印刷会社の担当者は、この人に懇々と外地進出のＡＢＣを説き、進出にあたり費やした事前の調査、下準備の年月、また進出した後に累積する困難を話し、片手間進出の無茶をいさめたそうです。

今は独立しましたが、植民地であったシンガポールの、長い間に培われた住民の性質や人生観は、植民地経験のない日本人にはなかなか理解しがたいし、想像できないことも多いので、そのことをよく理解した上でないと、進出してもうまくいかないことは必至です。

これから東南アジアに進出しようとする人は、まず十分に余裕のある資本を用意してほしいと思います。日本国内で事業を起こすのと違って、すべて予想の三倍も四倍もの費用がかかります。東南アジアでは、日本で簡単に安く調達できる物が意外に整わないからです。思いつきや片手間の進出は双方によい結果をもたらしません。十分な資本的裏づけもなく進出し、現地の下請けにシワ寄せをして不評を買ったり、営業に行き詰まって、ある日突然、全部ほうり出して日本に帰ったりしてしまうなどという例もあります。

また、言葉が通じ合わないため、エネルギーも消耗するし、フラストレーションもたまります。それに耐えうる強靱な体力も必要です。

日本人が持ち合わせている神風特攻精神は、発展途上国の人は持っていないし、なぜそんなにまでしなければならないかも理解してもらえません。また彼らの大多数は、現在の仕事で専門家になろうという気がないので、彼らをその仕事につないでおくのは難しいことなのです

（最近は日本もそんな状態になったようですが）。個人が大切ですから、会社に対する忠誠心は期待薄です。しかも、現地で頑張る責任者の個人的な魅力がものをいいますから、その人選には、奥方、子供も含めて十分な配慮をしてほしいと思います。

商売で進出してくるのですから、利益を上げることは結構なことですが、「日本人は、自分たちが儲けさえすればよくて、私たちのことを考えてくれない」と現地の人に思われないようにしてください。ただでさえ貧困の悪循環の中にある東南アジア諸国では、何か日本人だけがうまいことをしていると考えていることを、忘れないようにしていただきたいのです。

自分の都合ばかりでなく、発展途上国自身がつくっていこうとする地域開発機構と、いかに溶け合ってゆくかを十分に考慮の上、一段と高い思想のもとに進出を計画して、同じアジア人として協力をする心掛けを持っていただきたいと思います。

外国へ出かける前に現地事情を勉強せよ

日本人は使命を帯びて、はるばる本国より外国に出掛けてくるのに、その国についての大よその知識も持たないで現われる人が多いのは、困ったことです。その土地のことばかりでなく、面会をするはずになっている人のことも何も知らないで、話のスタートをしたりします。これは国際社会の一員として活動していく上で、ぜひとも改めていかなければいけない点だと思います。

昔、船で旅行した頃は、日本でも外務省が任地の知識として必要な事柄が書いてある本を二、三冊渡し、エチケットのパンフレットなども世話してくれたそうです。現在は海外へ出る人の数が非常に多いし、スピード時代でもあるので、そんなのんびりした勉強はしている暇がないのかもしれません。外務省でも繁雑な仕事で大変かもしれませんが、せめて上っ面だけでもよいから、常識くらいの下地を得られる協力を、出張員にしてあげるシステムを設けてほしいと思います。下地があれば、してよいこと、言ってよいことなどの分別が少しはわかるのではないでしょうか。

特に東南アジアには、日本軍のために家族を失ったとか、弾が当たって腹に穴があいている人が存在するのです。そしてこの方たちの中には、今さらそのことを話題にしたくない人たちもたくさんいます。三十歳を少し出たくらいの日本の男性で、そんなことを夢にも知らずに、無神経に根掘り葉掘り聞く人がいます。話している相手は、多くの場合、その国の有名な人なのですから、外務省がそんな知識をこの若い日本人に与えられないはずはないと思います。パスポートを渡す時に、渡航目的を聞くのですから、もう少し親切な世話をしてあげてほしいのです。

それから、年少なのに、年長に対するビヘイビア（行儀）を心得ていない日本人が多いのも気になります。そうかと思いますと、「お噂はかねがね」などとたらたら言うのに、噂が間違っていたのか、ちっともわかっていない人もいます。例えば「ミセス胡は何省の生まれですか?」と聞かれたことがあります。私は「日本生まれのシンガポリアンです」と答えました。

シンガポールの中国人は、自分は中国人の血を引いているけれどもシンガポリアンだと思っているのです。そして彼らは、華僑と呼ばれるのを嫌がります。特にシンガポール生まれの二世、三世はそうです。中国のことを詳しく知らない人たちもたくさんいます。ちょうどブラジルの日系の二、三世が、日本人ではなくブラジリアンであって、日本のことをよく知らないのと同じことです。

また、シンガポールの二世の大部分は、漢字の読み書きが得意ではありません。ところが、「わからないのですか、中国人なのに」などと言う日本人がいるのです。中国系のシンガポリアンは、「すみません。怠けていたのです」と恐縮したりします。そこでやめておけばよいのに、年配の日本人の中には、自分がいかに苦心して『唐詩選』を暗記したかというようなことをとくとくと語る人もいます。中国系シンガポリアンは恥ずかしそうにするばかりです。

海外へ出れば、日本人一人ひとりが外交官です。相手の国を理解していないために、あるいは無神経さのために、こうした摩擦が起きないよう、くれぐれも注意しなければなりません。小さな摩擦の積み重ねが大きな反日感情につながることもあるのですから。

チャリティーを知らないエコノミック・アニマル

私は長年、シンガポール赤十字のための募金活動をしてきたのですが、その時に遭遇した事態によって、日本人の寄付に対する一般認識の低さにはたびたび驚かされました。

さすがに一流企業の支店長・支社長にはそんな方はおられませんでしたが、一部には、「なんでシンガポールの赤十字のために、金を出さなければならないのですか」と耳を疑うような文句を述べられた方があり、また「今はみなが国際人にならなければいけない時代なのだから、日本人が何も特別に協力する必要なんかありませんよ」と、的外れの忠告をする人もあり、「うちの会社はチャリティーに協力しない方針なのでできかねる」と言う人もありました。

要するに、会社に忠実なあまり、儲けた金は一銭も減らすまいとして、心の温かさを失ったような人物が、日本企業の東南アジア駐在の人に多いことについて、改めて考えさせられてしまったのです。

もちろん、外国の会社の全部が全部、募金に協力してくれるわけではありません。特に年度末はこの種の予算を使い果たしている会社もありましたが、しかしなんとか協力しようと努力を試みてくれます。断わる場合でも、その言葉が理路整然としており、態度もなかなか当を得た礼儀正しさには、こちらも心温かく引き下がれました。外国人はみな、丁重に、ご苦労さまという態度で迎えてくれるのです。

それに対して日本人の多くは、そんなことにはかかわりたくないという態度があからさまで、エコノミック・アニマルの一面をここでも垣間見る思いがしました。

日本の会社は広告には金を惜しまないのですが、チャリティーには惜しみます。日本人は恵まれない人たちのために寄付をする習慣が小さい時から養われていないのです。日本の税法が悪いからとそれを口実にする方がいますが、そればかりではないと思います。現に、シンガポールでは寄付金は税金から控除されるのに、それでもだめだと言うのですから。

国際人の条件の一つとして、チャリティーの精神も加えていただきたいと思います。弱い者をいたわる、人を指導し育てる。この精神に徹していないと、東南アジア、発展途上国と手をつないでいくことは難しいのです。物を売りつけるだけでは、必ず行き詰まりになります。

世界中の人が日本人の心理状態を理解し得ないでいます。日本人は心が温かいのだろうか冷たいのだろうか、何を考えているのだろうか、次の瞬間どのように豹変するのだろうか……と。こうした印象は一日も早く拭い去らなければなりません。「どうせ、俺たちは理解してもらえないさ」などと開き直ってはいけません。日本人の優秀性をフルに活用して、世界の人々のために尽くせる人物が続出してこなければなりません。

そういう意味で、日本の教育は視野の狭さから、日本人の長所を伸ばす努力をしていないのは残念なことです。いたずらに、物事の上っ面だけかじっても、上等な人はでき上がりません。

表面だけを記憶した人を優秀な人としてはなりません。一つのことを極めることによって専門家になれるのです。日本人になりきれば、国際人としても立派に尊敬され、通用する人間になれるのです。東京の下町や、田舎の人の温かさを忘れずにいればよいのです。

何度も申し上げるように、心の温かさ、思いやりが、いかなる場合でも大きくものをいうのです。外国語が上手に話せなくても、誠実な考え方は心と心の触れ合いを助けます。互いにいたわりあう気持ちを何とか努力して養っていただきたい。自分さえよければ、自分の会社さえよければという考え方は、今日から捨てていただきたいと思います。

靖国神社を知らない若者

以前、たまたま日本を訪れていて、あるテレビ局の「十二月八日、靖国神社」という番組を見ました。テレビ局が日本国民に訴えたかったことは、かいつまんで言えば、戦争することはつまらないということでしたが、いろいろと考えさせられる内容でした。

靖国神社のそばにカメラを備え、通行する若い人たちに「十二月八日は何の日ですか?」「靖国神社は誰が祀られているか知っていますか?」と質問していたのですが、これに対して二十五歳以下の九五パーセントの人たちが知らないと答えていました。わずかに一人の大学生が、「菊の紋章がついているから皇族が祀られてでもいるのでしょう」と答えていたのが印象的でした。録画ですから、もちろん編集されているのでしょうが、国のために命を捧げて靖国神社に祀られている方たちは、この日本の若者の言葉をどんな思いで聞かれたでしょうか。

またこの番組の中で、優秀な一人息子を戦争で亡くしたという老母が登場し、「当初は大変に悲しかったが、年月と日々のめまぐるしさが、その悲しさを薄めてしまった」と目にうっすらと涙を浮かべて話されていました。戦争中にインドシナで指揮をとっていたという元上級将校も、「戦争のあったことは、遠い過去のことになってしまった。毎日の忙しさで、そんな思い出をふり返るひまさえなかった」と述べていました。

私がここでこれを取り上げたのは、日本人は、毎日の生活を生きてゆくのに没頭するあまり、大東亜戦争を忘れつつあるかもしれませんが、東南アジアの人々は決して忘れてしまったわけではないということを、日本の人に知っていただきたいためです。

東南アジア諸国には、「日本人は戦争したことなど、けろりと忘れて、自分たちの金儲けばかりに一生懸命になって、現地人の面倒を見ようともしない。自分たちを育ててくれることに、金儲けと同じ情熱を注いでくれない」と思っている人たちもいるのです。

むろん、私は日本人が熱心に現地の人を指導している事実も知っています。また現地の人との人生観の違いのために、諸々の行き違いや誤解の生じるのもわかります。しかしあくまでも、温かい思いやりで彼らの心の奥にある深い傷や不信感を取り除くように、一億の日本人にこぞって努力してほしいのです。

日本がこのまま東南アジアの人々を理解できないと、近い将来、日本はアジアで孤立してしまうだけでなく、西欧諸国にとっても魅力のない国として、石油、その他の資源も手に入れることができなくなってしまうかもしれません。日本が協力しなければ、東南アジアの国々は経済的に苦しくなるのも事実ですが、彼らはいつでもアメリカその他の国の援助を受けることができるのです。日本の「やってあげる」式態度は改めなければなりません。こうした日本人の態度は、戦争中の日本人を思い出させるからです。

英国人は、日本人を一言で批評するならば、「worse than American」だと言っています。もともと英国人はアメリカ人を一般的に好ましい人種と思っていないようですが、そのアメリカ人より日本人は好ましくないと言うのです。これらはひとえに、日本人の外交下手、他国や他人に対する情報不足、無理解から起こっていることです。そして大部分が誤解されていることから生じている事態だと想像されます。

礼儀正しい、親切な、本来の日本人の性質を一日も早く取り戻されるよう願ってやみません。そのためには、テレビ、新聞、週刊誌、職場、学校、家庭、すべてが一致協力して、各方面から日本人の弱点を長所に置き換える努力を払っていただきたいと思うのです。

シビライズされていない日本人

戦時中、英軍がシンガポールを奪還したあと、チャンギーの捕虜収容所に入れられていたある日本の方から聞いた話です。

「英軍の日本人捕虜への待遇が悪かったので、その改善を要求すべく、協議の結果、英軍将校を捕らえ人質とした。そして要求項目を並べて交渉すると、英軍側は全部承知してくれたので、この将校を放して帰した。英軍は約束どおり、次の日から要求したことを実行したので、自分たちは大変彼らに敬服した。もしこれが日本軍だったら、さしずめ『よしよし』と言って、将校をまず取り返し、結局、待遇の改善はしなかったであろう。なぜかといえば、管理側のほうにも、あの当時、実情としてそんなに余裕があったはずがないのだから」

私はこの話を聞いて、香港ないしシンガポールの人たちが、自分たちを植民地支配した英国人を悪賢い国民だと言いながらも、彼らを尊敬している内容がわかったように思いました。シンガポールの人たちも、自分たちがこうして立派に独立できたのも英国の薫陶、後ろ立てがあったからだと敬っていました。英国に百年の間搾取されたあとなのに、なおそう言うのです。私は、シンガポールに住む前は、香港に住んでいたのですが、香港の人たちからも、英国人が約束を守る話、礼儀正しい話、心が優しいという話をたくさん聞かされました。以前、香港政庁のある役人もこう言っていました。「英国人にはシビライゼーション（文明）がある。中国人にもシビライゼーションがあるが、日本人には本当の意味のそれがない。日本にはただ器用な人が大勢いるだけだ」と。こういう言葉には、私は全面的には賛成しかねるのですが、そんなふうに他国の人に思われても仕方がない面があるのも確かです。こうした事実を日本人はどう考えるのでしょうか。

イギリスは今や斜陽の国です。「大英帝国に日の沈むことなし」といわれた世界中の植民地はなくなり、夕焼けだけになってしまいました。しかし、シンガポールにあるスタンフォード・ラッフルズ（イギリスの植民地行政官）の銅像は、今もシンガポール政府内の土地に残されています。英国人の残した数々の美しい建物と植物園、道路などとともに――。

英国人はなぜ植民地にした国からもいまだに尊敬されるのでしょうか。彼らはこの土地に移住してきて、マレー語や中国語を習い、土地の料理を食べ、一生懸命土地の人々との交際に専念してきたのです。土地を買い、家を建て、自分の子は英国に留学させますが、自分たちは一生ここでとの心意気で近所づきあいをしてきました。中国人、インド人を交えて自宅でカクテルパーティーを開き、夕食に招き、会社の代表としてではなく、友人として親交を結んできたのです。二年ごとに出る三ヵ月の休暇に旅行に出る時には、行った先々からシンガポールの友人に絵葉書を送ってよこしました。そして、今なおたくさんの英国人が、シンガポールに永久居住権を持って平和に住んでいるのです。

シンガポールの独立後、日本の企業がたくさん進出してきましたが、地元の人々は、新たに頼りにしようと思った日本人が、イギリスの人々に比べてあまりにシビライズされていないのを発見して驚きました。戦前に来たのは日本の軍人だったから仕方がないとして、世界一流とされる会社の人たちまでがと残念に思ったのです。

時々、現地の新聞に日本人に対する批判が出ることがあります。これは忠告なのです。心掛けしだいですぐ変えることのできる問題だと考えて、地元新聞が書いて忠告しているのです。経済成長をうらやましく思い、やっかんでいるのではありません。日本が国際社会からつまはじきにされ、第二次大戦を起こさなければならなかったような状態に押しやられてしまうのを恐れているのです。こうした批判を素直に受け取っていただきたいと思います。誇りを傷つけられたと思う必要はありません。友人と思えばこその忠告なのですから。

欧米経験者を東南アジアへ

優越感や劣等感を持っている人は海外に送らないようにとある社長に話したら、「それなら僕も海外にいけない」と言われたことがあります。人間、誰にでも多少の優越感や劣等感はあります。要は強弱の違いだけなのですが、日本人にはその優越感と劣等感が交互に表われる人が多いように思います。そういう人は、地位の高い人や有名な人にはやたらに腰が低いのに、自分より地位の低い人や立場の弱い人には尊大な態度をとりがちです。そんな人が同じ種類の人を部下に持つことになると、東南アジアでは事が面倒になります。

私の印象では、関西人はあまり見栄ということにこだわらないので、中国的な考え方ができて、親切で浪花節的でだいたいよろしいようですが、関東（東京）人はスマートでよいけれど、好き嫌いが激しく、茫洋とした風格に乏しくて、問題が起きやすいようです。

南方に出てきて神経質では困るのです。野蛮なのも困ります。東南アジア諸国は昔、ヨーロッパの植民地だったため、ヨーロッパの影響が色濃く残っていて、もったいぶった生活様式も知っているので、堂々たるふるまいができないと軽蔑されてしまいます。

貫禄もなく、言葉もうまく出ないなら、押し出しのよい、見るからに頼りになりそうな人を送ってほしいものです。礼儀正しい、朗らかな人が望ましい。薄っぺらな男は困ります。ペラペラと調子がよく、上にへつらい下に威張るのが一番の困りものです。蛇のようなねっちり型もいけません。まじめ過ぎて冗談を冗談と取れない人も落第です。東南アジアの指導的地位におられる方たちはジョークを飛ばすのが好きなのです。

できればヨーロッパ、アメリカ経験者を回してほしいと思います。日本からいきなり東南アジアにやって来ると、錯覚を起こす人たちがいるからです。彼らは優越感のほうが先に出てしまうのです。

外務省にもしっかりしていただきたいと思います。東南アジアに派遣されるのを格下げとする考え方があるようですが、それが間違っています。欧米で十分通用した人たちがやって来るべきです。こちらのほうには、ヨーロッパをお隣と考えている人たちがそろっているのですから。

交代も三年ごとでは早すぎます。せめて五年交代にして、引き継ぎには一年以上かけてするようにしたらいかがでしょうか。やっと現地で友だちができかけた頃にさよならでは、時間と費用のむだです。

政府は国防に金をかけると同時に、人的資源養成にも金をかけなければいけないと思います。石油の貯蔵と同じくらいに、それは国家にとって大切なことです。質の悪い会社員がいた場合には、外務省の出張所、大公使館、総領事館に連絡して、自発的に日本側で取り締まってほしいと思います。そんな法律はないのだそうですが、法律がなくとも道義の問題です。横の連絡を十分に張りめぐらせていただきたい。日本人間で解決できる問題はいくらでもあるはずです。そのための大公使館であり商工会議所ではないでしょうか。同じようなことを各会社別に、現地政府に聞きに行かなくてもよいようにしてほしいとも思います。現地政府の役人は人手不足で忙しいと言っていました。

注文が多すぎるでしょうか。優越感と劣等感は、生まれた時から気をつけて教育し、自身でも気をつければ克服できると考えます。

即答できない日本人

ある中国人が私にこんな話をしてくれました。「日本の大会社は全部『将在外、軍令有所不受』です。現地の支店長は、必ず、少しく重要な話になると本社にファックスかメールを打ち、裁決を仰ぐ。日本の会社は送ってきた支店長を信用していないようですね」と。

私は、信用していないのではないが、日本人は物事を決める場合、時間をかけて集団内のコンセンサスを徐々につくり、はっきりした個人の主張は打ち出さないほうがよいという日本独特の意思決定方式があるために、地元で起こったことでも情況・状態を本社のコンピューターにかけて決定してもらうほうが、本社も安心、支店も安心できるのだと説明しました。

これはある意味、大変によいシステムの一つかもしれませんが、時間がかかるので危険も伴います。現に、だいぶ古い話ですが、一九七一年にドルの切り下げを避けようとしたニクソン大統領が、日本政府に相談を持ちかけた時、日本政府は三ヵ月も返事をしないで、ニクソン氏をかんかんに怒らせたとアメリカ政府の方から聞いたことがあります。第二次大戦では、大本営からの作戦変更に関する返事が遅れ、たくさんの日本軍人がビルマで戦死したと、英軍の将官から耳にしたこともあります。

そのように、このシステムは歯車が勢いよく滑らかに動いている時にはよいのですが、油の行き渡りが悪くなり始めると、ギクシャクしだす歯車がたくさん出てくるのではないかと心配しています。

現地の慈善団体に出す金の額をいくらにするかぐらいのうちは、たいした支障もないでしょうが、例えば、リー・クアンユー上級相が何かを日本政府ないしは日本の会社に求めた時、長い問返事が返ってこないようだと大変問題です。何もシンガポール政府が相手の時だけの問題ではありません。どういう相手に対しても、「イエス」の場合は少しく返答が長引いてもよいと思いますが、「ノー」の場合は一日も早いほうがよいと思います。「善処してみましょう」などとは言わないほうが賢明です。善処してみるのなら、努力の成果がなければならないはずですが、日本の企業人に聞いたところでは「ミセス胡、日本語の善処しましょうはノーと同じなのです」ということです。それならそんな日本語は使わずに、はっきりと「ノー」と言うべきです。シンガポールでは、〝マレーの虎〟と呼ばれた山下泰文将軍が英軍のパーシバル中将をつかまえて、「イエス・オア・ノー」と迫った話は今も有名です。

集団の調和と秩序を守ることは大切なことです。しかし勇気を持って、他の感情を傷つけることなく建設的意見を言わなければいけませんし、また寛大な耳をもって聞かなければいけないと思います。日本の野党のような、反対のための反対はすべきではなく、あくまでも建設的な意見でなければならないのです。

相手方の意見を、だめだだめだと言うのでなく、こういうふうにしたらどうだろう、こんなふうに考えられないだろうかという実例をもって、それを取り入れなかった時の結果の見通しも割り出し、情熱を込めて相手を説き伏せなければいけないと思います。相手の立場に立った十分な理解も含めてです。

そもそも日本の会社は、会議が多すぎるようです。電話すると、大抵が会議中だと言われます。あまりにも会議中という返事が多いので、電話に出たくない言い訳かもしれないと思ったりしてしまいます。むろん「三人寄れば文殊の知恵」という諺があるくらいですから、大勢寄って考えたほうがよいこともあるでしょう。しかし、現地出張所にもっと大きな決定権は与えられないものかと思います。

人の目を気にするな

日本人は他の人が、自分または自分たちをどう見ているかを強烈に気にします。これは各国人の口をそろえての評であってみれば、まごうかたない顕著な特徴だと言わざるを得ません。日本人は語学が達者ではないというハンディがあるからだと、私は説明するのですが、それだけでは彼らには納得がいかないようです。中国人は言語上のハンディがあっても、はるかにリラックスして自信のある態度で接するので、彼らには外国の人も気づまりを感じないで済むとよく言います。

日本人は、外国人が自分をどう見ているかを気にするばかりでなく、あらゆる人（親戚、隣人、友人）が、自分をどう見ているかを気にかけて生活しています。「みっともない」「人に笑われる」「そんなことをしないほうがよい」「人に変に思われる」と、常に人の批評を気にしているのです。

以前、日本に来ていて夜の銀座を歩いていた時、石焼きいもを売っていたので、私は食べたくなって買おうとしました。そしたら、一緒にいた日本の知人に「ミセス胡、私が買ってあとから持っていってあげます。あなたが自分で焼きいもなど買っては人聞きが悪い」と言われたことがありました。私は素直にこの忠告を聞きましたが、人に知れてなぜ悪いのか、私にはわからないのです。

また、銀座のバーで飲んだ時にブランデーを注文したら、「ブランドは」と聞かれたので、「クルボアジェかレミー・マルタンでいいわ」と返事したら、「そんな安いブランデーでよいのですか」と言われました。それで私が「ええ、私好きなんです、その味が」と答えたところ、相手に軽蔑の表情が浮かびました。例えばジョニー・ウォーカーの赤と黒は、元は同じ値段なのです。日本人がものすごい勢いで黒ラベルばかり消費するから、ブローカーが「しめた」と思って黒を高値にしたのです。私は人にどう思われるかと気にして、気に入らない酒を飲むことはないと思うので、相変わらず同じブランデーを飲んでいます。

シンガポールにやって来た知り合いの日本人訪問客が、「この二流ホテルに泊まっていてもよろしいでしょうか。お宅の体面を傷つけませんか」などと、気を使ってくれることがあります。私の友人だって、いろいろな人がいるのはあたりまえです。外国人の友だちが、そんなことでゴテゴテ批評しはしません。

シンガポールでは、億万長者でもスリッパをはき、開襟シャツで、古い時計をしてうろうろしたりしています。でも、誰も金持ちのくせになどとは言いません。シンガポールのお金持ちはみなしまり屋だからです。

けちという意味ではなく、非常に合理的なお金の使い方しかしないのです。寿命の短い消耗品にはお金を使いません。しかし、慈善の寄付などにはポンとお金を出します。人間それぞれでよいのです。ただ、人に迷惑をかけない心掛けさえあれば。

日本の方に忠告したいのです。人の目を意識しすぎた生活はやめましょう。例えば、三十五歳になって独身だって構わないではありませんか。人の言うことを気にする必要はないのです。子供が勉強ができなくても、人の批評を気にすることはありません。親が愛情を持ってその子の将来のために考えて、勉強が苦手なら手に職をつけたってよいのです。

ただ、ここで一番大切なことは、自分の個性を打ち出すことに一生懸命になるあまり、人との折り合いを考えないことです。自分の言動によって、人に迷惑をかけないように気をつけてください。皆がその一点で協調しないと、てんでんばらばら、統制がとれなくなります。自分がされて嫌なことは人にしないように心掛けることです。

利欲に狂った浅ましき人々

「只《ただ》利欲にはしれる浮《うき》よの人あさましく厭《いと》わしく、これ故にかく狂えるかと見れば、金銀はほとんど塵芥《ちりあくた》の様にぞ覚えし」と、樋口一葉が日記に書いています。明治にも大正にも、そして現在にも浅ましい人がいます。悪いことがはびこって、心ある人はいつもそれを嘆き憂えてきたのです。

私も三十数年前、ある仕事をして、それがために浅ましい人たち十五人ほどに次々出会ったことがあります。何だってこう次から次へと、お金に目がくらんだ人ばかり出現するのかと思いました。もしかすると、神仏がのほほんとした私の性格をたたき直そうと思し召したのか。それとも、その出来事のあと、また世の中の人情の美しさに感動させるための思し召しだったのかもしれません。とにかく、しなくてもよい仕事に手を出し、とことんまで煮え湯を飲まされたのです。

お金のためには義理もへったくれもない人たちでした。しかもそれが全部日本人だったのです。何につけ、「そんな理想は、今どき通用しやしない」というのが彼らの捨てぜりふで、その上、私にあらぬ嫌疑までかけようとしました。

事は、シンガポールの、現在のチャンギー飛行場の埋め立てを私が受注したことに始まりました。日本のある土木会社の浚渫《しゅんせつ》船が機雷をすくい上げ、船が破損したので、代わりにわが社で引き受けることになったのです。これが英国の機雷であれば、私だって意気に燃えたりはしませんでした。しかし、それは戦争中の日本の機雷だったので、引き受ける気になったのです。

たまたまこの事件が起きる前の九月から、私は海洋作業をすべく会社を設立していました。

なぜ女だてらに海洋作業かと言えば、心に残る思い出があったからです。

一つは、一九六三年にニューヨークでエキスポを見た際、フォードのパビリオンに「将来のフォード」というタイトルで展示があり、ミニチュアの自動車がマンハッタンの町を走り、海辺につくと潜水艦になって海底の町を走り、また陸上を走るという光景を見たこと。もう一つは、テレビのドキュメンタリー番組で、フランスのプロジェクトチームが地中海にアパートメントを沈め、四人の男が実験としてそこに住んでいて、人類はやがて海底にも住めるようになるだろうというのを見たことです。

香港からシンガポールに本拠地を移した時、この小さな島の海の下に海底都市を造れば、シンガポールが二倍になると考えたのも、これらの強烈な記憶のせいでした。その矢先、日本人のダイバー数人に出会い、その熱心さにほだされてつい会社を設立したのです。そして前述の機雷除去に携わることになったのでした。

ところが、このダイバーの男たちが悪賢く、私を追い出して会社を乗っとろうとしたのです。その時には、会社はすでにシンガポールの橋梁工事を受注しており、日本のゼネコンの下で橋《はし》桁《げた》を工事中でした。私は彼ら全員を追い出したのですが、こうなると今度は工事が続けられません。それではゼネコンに申し訳ないことになるので、私はその補塡のために夜中の十二時までオフィスで働くことになりました。

生まれて始めて人の裏切り行為にあい、生まれて始めての大奮闘でした。そして無事に橋桁の工事は終了し、そのゼネコンもシンガポールに美しい橋を残すことができたのです。

悪い人にも出会ったけれど、おかげで、当時のゼネコンの社長をはじめ社員の方たちの優しい友情にも出会うことができました。これは私にとって忘れられない出来事でした。

苦い思い出はもう一つあります。これはシンガポール航空がらみの事件です。担当の日本人男性のミスで欠損が山積みとなっていたのです。しかし、この時もまた私自身が手当てにあたり、無事にお役を果たしました。

こうして次々と立て続けに問題を起こす人たちに出会った四年間でした。何の因果か、くだらない人たちのおかげで苦しい思いをし続けました。そしてその後仕末にも、四年もかかってしまいました。

それでも私が彼らを訴えたりしなかったのは、工事がすべてシンガポール政府発注のものであり、支払われた代金が税金だったからです。もし私が、日本人がこんなにひどいことをしたと訴えれば、シンガポール中の人が日本人には今も悪い人がいると思うことでしょう。それを考えると、私一人で損金全部を背負えばよいと思ったのです。

もちろん、こんな日本人ばかりではありません。この間に、私を助けてくださった心温かい方も大勢いらっしゃいます。

これらは、神様が私を鍛えるために起こされた事件なのだと、私は一言も嘆かずに歯をくいしばって頑張りました。主人には関係がなく、私自身が招いた不始末なので、主人にはできるだけ助けを借りずにと思いましたが、この件ではやはり最終的には主人に助力してもらうことになりました。そのことについては、主人が亡くなった今も深く感謝しています。

結局、これらの事件は、私のビジネス人生の最後を飾る葛藤となりました。なぜ最後かといえば、それ以降、会社を細かく分け、それぞれ地元の男性たちを要職につけて、私自身は現場から身を引いて、アドバイザーのような仕事をしてきているからです。発展途上の国々には仕事はたくさんあります。だからこそ一獲千金をねらう男共もたむろするのです。

しかし、私自身は、もう私利私欲の強い連中の世話はやめました。親切が仇《あだ》になることがわかったからです。苦労してきたようでも、性悪な人たちへの対応を、私は知らなかったのです。これからは、涙などにだまされはしまいと思いました。当時、娘が教えてくれた言葉を今でもはっきり覚えています。

「クロコダイル（鰐《わに》）の涙っていうんですよ、それは」

つまり、空涙なのです。男にも女にも、クロコダイルの涙を流す人がいるのです。恩を恩と思わないのはまだしも、恩を仇で返す人がいるなんて。人の窮地につけこむ者もいます。これはすべて人間の欲がなせる業なのです。

「ルック・イースト」の証明

悪い日本人もいますが、もちろんすばらしい日本人もいます。以前、シンガポールの自宅を建てた時に、現地の建設会社に頼んで大変な苦労をしました。そこで、家を増築する時には、日本のある建設会社にお願いしました。八十坪ばかりの増築で、大企業にとっては小さな仕事だから悪いとは思いました。しかし、工事自体は大したことはないものの、約五十坪の屋根を三本の柱で支えるデザインなので、ぜひ技術力のある会社にやってほしかったのです。その建設会社は快く引き受けてくださいました。

工事開始と同時に、日本人の若いスーパーバイザー（現場監督）がついてくれて、毎日工事現場に詰めてくださったので、私も大安心でした。若いワーカーが大勢入るので、わが家の若いメイドたちのことも心配なのです。スーパーバイザーの彼も若いけれど、とにかく見張り（？）がいてくれるのは助かると思いました。

工事が始まって一週間もたった頃、中国人のメイドがこんなことを言いました。彼女はマレーシアから来ており、わが家のメイドの中では最年長でした。

「前々から私共の首相（当時のマハティール首相）が『ルック・イースト（東洋で発展している日本などに学べ）』と言っておりましたが、私もその意味がとてもよく理解できました。日本の建設会社のスーパーバイザーはとてもよく働きます。スーパーバイザーなのにワーカーと一緒に汗を流します。実に感心しました。ところで、彼は昼食をとるのに外へ出ていきます。だから、彼にランチを作ってあげてもよろしいでしょうか」

当時は、主人も私も昼食には帰らなかったので、彼女も手持ち無沙汰だったのです。そこで私は「日本の会社では、上司の許可がないとだめかもしれない。きょう、担当の上役にお許しをいただくから、明日から作ってあげなさい」と喜んで許可し、手続き万端終了後、彼女のサービスが始まったのです。

このスーパーバイザーは二十六、七歳の若さでしたが、細い身体で本当によく頑張っていました。おまけに、帰りがけに一人で掃除までしていくのですから、メイドがますます感心するのも無理がありませんでした。彼女は「奥様が前からおっしゃっていられたことがよくわかりました」と、自分も一生懸命に働き出しました。マレーシアのメイドも運転手も、みな無言の教訓を得て、日本人の株が上がったのです。家の増築を日本の会社に頼んでほんとによかったと私も思いました。メイドたちも運転手も庭師も、こぞって「放送局」ですから、このニュースを休日ごとに流してくれたに違いありません。

何度も言いますが、国外に出れば、一人一人が日本の代表です。外務省だけが外交をしているわけではありません。海外勤務は無論のこと、旅行者の一人一人も全員日本の大使なのです。平和を世界にもたらす役割を担ってしまった日本人は、他国民から頼りになる兄さんと尊敬されなければならないし、心温かい姉さんと慕われなければならないと思います。

この若きスーパーバイザーの、一緒に汗を流すというスタイルはとても立派でした。ふんぞり返っていなければ偉く見えないなどと思うのはもっての外で、作業服を着て泥まみれでも偉い人は偉いのです。出身大学をひけらかさなくても、しばらくつきあえばどのくらい教養があるのか、わかってしまうものです。

そういうことを、この若きスーパーバイザーは無言で教えてくれたと思います。

石頭追放

日本人はストーンヘッドの持ち主だと外国人は信じています。つまり石頭の人間ということです。どうしてそんな印象を与えるかというと、既成の概念をなかなか頭の中から追い出せない嫌いがあるためです。

何か忠告したり、新しい考え方を吹き込んであげたりしても、決して従来の自分の信じている考え方を変えようとしない。これは新しいものにすぐ飛びつく性質と対照をなして、とても不可解な資質を構成しています。「なるほど」などと言って聞いているけれど、頭の中ではなるほどと考えてはいないのです。「なるほど」とその時は考えるけれども、頭の切り替えがすぐできない向きもあります。

日本の会社に勤めるあるユーラシアンのインテリ女性が、「日本人にはもう何も忠告してあげないことにした」と言いました。日本人のボスは一生懸命にどうしようかと、彼女の経験、考えを聞くけれど、そのようにしてみようとしないのだそうです。従来どおりのやり方を決して変えてみようとしない。一年半もアドバイスしても一向に効果がないから、もう聞かれても言わないことにしたそうです。

彼女いわく、「なにも私の言ったことが正しいとは、私も主張しない。けれど、外に出ていって調べてくれば、私の忠告も、まんざら的はずれでないとわかるはずなのだが」と。私も同感です。裏付けを取ってみれば、案外女性や若い人の言ったことでも正しいかもしれないのです。女の言うことを聞いては、日本男子の沽券《こけん》にかかわるのでしょうか。でも、私の経験で面白いのは、日本本国の社長方が、私の話を熱心に聞いてくださることです。古い頭をしている方たちのほうが、熱心に頭を若返らそうとしているのに反して、今の三十代、四十代のほうが石頭で、その方たちは、東南アジアに派遣されている支店長たちです。全部にお目にかかったわけではなく、例外もたくさんあることは事実です。しかしこれでは、いつまでたっても、社長になれそうな人材が出てきそうにないとつい思ってしまいます。

事業は人なり。自分の信じることに邁進するのは大変結構なことです。人間は信念がなければいけないと思います。しかし親切な忠告には頭と心を傾けて、一考してみてもいいのではないでしょうか。忠告するほうだって、わざわざ苦言を申し上げるのです。偉い方に忠告する時は、一喝をくらうかもしれず、絶交を申し渡されるかもしれないのに、あえてそれを進言するのですから、聞くほうも真剣に聞いて一考してほしいと思います。

方向違いの信念を固守してはなりません。自分の信念が正しい方向か否かは、周囲を見回し、人の話を白紙で聞いてみればわかることです。アメリカやヨーロッパに二、三年滞在したからって、国際人というわけにはいかないのです。外国に三十年居住しても、石頭の持ち主は元の中身に何の変化も起こってはいないのですから。

現地人採用主義で

シンガポールの商工会議所に属する議員たちと、日本の商社の支店長がだいたい二、三年で交替する制度の是非を話したことがあります。

彼らは「長くいてもらったほうが、互いの気心も知れて都合がよいのではないか。しかし十年も一つ所にいたら、彼らは非常に、感情的に物事を処理する面もあるから、本社にとって不利になるのではないか」との意見でした。また「昔のように、日本が住みよい国であった頃はよいが、今の日本のような、魅力の少なくなった国に帰りたくなくなる人も出てくる恐れもある」と、日本のために大いに意見を述べ合いました。

前例のないことは絶対にやろうとせず、日本本国に向かってだけ仕事をしているために、融通が利かないことで名を売っている日本人が、徐々に変化する可能性があると言われたのです。そう。大部分の日本人は、人のよい、優しい心の持ち主です。一部の日本人が冷血で石頭なのです。ただ困るのは、この優しい、人のよい人たちが、冷血な〝石頭人〟に付和雷同することや冷血、石頭人の行動を善導したり、説き伏せたりしないことです。ただ黙ってするがままに任せたり、あまり理の通らないようなことを喚《わめ》く人の後押しをしたり。中庸を得た理性を持ち合わせている人が少ないのを残念に思います。

香港、シンガポールでも、十年以上その地に滞在しても、立派に日本人の代表であった人たちを知っています。地元の人とたくさん友だちになって帰国し、良き親善の役目を果たした方たちがいるのです。また短い期間であったけれども、地元の人に、チャーミングな日本婦人として、その帰国を惜しまれた総領事夫人などもいます。みな、よき日本の代表でした。

私は支店長・支社長がその土地に向いている人なら（もちろん当人が嫌がるのなら仕方がないのですが）、せめて五年ぐらいは滞在させて、じっくりと仕事をさせてあげるべきと思います。石の上にも三年という言葉がありますが、やっとコケを生やしたと思うと帰国では、地元の人ともなじみ薄く終わってしまいます。また次長職にあった人が上にあがらず、内地から新たに支店長が出現するのでは、現地人の従業員のほうも困惑するのではないかと考えます。次長として、支店長の方針を受け継ぎ、新たな自分なりの何かを打ち出したほうがよいのではないかと思いますが、事業成績が上がらなかったので、新鮮な空気を吹き入れようと、本国から人を送ってくるわけです。やって来た人は、そこの土地の事情をのみ込み、友人ができるまでに一年はかかります。それに、現地の従業員も順々に昇格するシステムがないような錯覚に陥るので、やはり、支店長は次長を育て、自分の後継とし、やがては現地の優秀な人が支店長を襲える制度を整えたほうがよいのではないでしょうか。

日本人の祖先

日本に留学した留学生に、案外、反日家が多いので驚いています。日本女性を妻にしていてなおかつです。この事実にびっくりして、観察してみると、日本に関心を持つあまりに彼らは批判的なのです。

日本に留学する留学生は、もちろん例外はあるものの成績が中級クラスです。東南アジアではみな、成績上位の学生がまず英米に行き、次にオーストラリア、次に日本となるのです。これは別に欧米崇拝から来ているのでなく、帰国した際、医者や弁護士になって開業するには、英連邦発行の資格証明が必要だからであり、言葉も英語で済むからです。

日本へ留学する際は、日本語を特別に勉強しなくてはならないという不便さがあり、入学できる学校も非常に限られており、食生活その他も特殊です。これらの条件を乗りこえて留学した学生諸君を受け入れた日本社会も、また彼らに対する知識なり、理解に乏しい。知識、理解がないのは、別に日本に限ったことではなく、欧米、オーストラリアに留学した学生も直面しなければならない問題ではありますが、互いに英語が通じ合うことによって、その摩擦が日本で生活するよりは少ないのです。同じ東洋人だということで、ちょうど日本人が東南アジアの人に錯覚を抱くように、彼ら留学生も日本人に対して錯覚を抱き、そして自分たちを理解してくれない日本人に失望するのです。

日本人はその根底に、東南アジア軽視の考え方が根強くあり、残念でなりません。私なども、日本の知識階級の方たちからでさえ、「なぜ中国人に嫁いだの。日本でも立派な方がたくさんいたでしょうに」とよく言われます。この言葉の裏には中国人軽視があるのに気づかれることでしょう。このように日本の方は無意識に東南アジアの人たちを傷つけるのです。日常これが積み重なり、四年ないし六年の留学期間のうちに、これら留学生を反日家に育ててしまうのです。まことにもったいない話と言うべきです。

アジアの人々に対するもっと深い知識、理解、配慮が払われてよいのではないかと考えます。なかでも韓国、朝鮮の方たちに特に理解を示してあげてほしいと思います。

今、日本にある生活様式、食生活、民芸品すべて、家の構造から日常生活に使用している道具、稲作、絹、装身具などほとんどが中国大陸、朝鮮半島、南方諸国から習ったものです。日本人そのものも、民族的には大陸系や南方系がさまざまに入り混じって、今の日本人になったのです。何人種に属しているから、自分より劣るという考えは文明人の考え方ではありません。

日本はこの点をよくシンガポールに学んでほしいと思います。シンガポールも資源がなく、宗教や人種の異なる人々からなっていますが、工業国として建国して、その隣国にいかに気を使っているか。事情は少し異なりますが、シンガポールの置かれている立場のほうが、日本のそれよりもっとある意味では難しいのに、よく努力しています。

シンガポールでは言論の取り締まりが厳しいという事実があります。日本の新聞・通信社でそのことを非難しているものがありましたが、この小さな国で、たくさんの宗教、食生活の違う人種をかかえて、各人が言いたい放題のことを言っていたらどうなるかという側面も十分考慮した上で、批判していただきたいのです。人にはそれぞれに事情があるように、国にもそれぞれの国情があります。互いに愛情深く理解協力しようではありませんか。私の知るかぎり、日本人はみな、親切な、優しい人たちの寄り集まりなのに、隣国に関する配慮に欠けるのをとても残念に思います。

日本人がアジアの一員、世界の一員として通用するためには、学ばなければならない、改めなければならないことがたくさんあります。これだけマスメディアが発達し、全体の教育程度が高く、文字を読むことが好きな国の国民が、短い時間にこうしたことをマスターできないはずはありません。

世界の民族主義を理解し、日本の主体性を立派に確立した暁にこそ、アジアのよき仲間として、アジアを代表することも可能だと私は信じています。

相互理解は愛国心から

日本人が攻撃されている理由に、日本人は日本の会社で作った物を日本の船で運び、日本の保険会社を使い、日本の銀行を使うというものがあります。その上、旅行する時は日本航空ときています。これは日本語が通じて話が早いからだと、私は解釈しているのですが、外国人はナショナリズムのためだと言うのです。外国人には、日本人がどんなに外国語を話すことが苦手かわかってもらえないようで、外国に儲けさせまいとする日本人同士の企みと取られているのです。

むしろ日本人は他の日本の会社に儲けさせまいと企むことはあるけれども、挙国一致、外国の会社に儲けさせまいと企んでなどいませんね。為替管理を厳しくして日本経済の投機に対する壁を築き、円と将来性のある産業の発展を保護し、必要な国内資本の対外流出と、外国資本の国内産業乗っ取りを政府が防いでいたからかもしれませんが、戦後、日本人が協力して外国に儲けさせようとしないなどとは、間違いもはなはだしいと私は思います。英米やフランスの種々のパテントやロイヤリティーをどんな値段で買わされたか。言わせていただけば、戦後アメリカにどんな条件を押しつけられ、大豆を買わされ、じっと頑張ったか。

戦後の進駐軍占領時代は、私たちにだって（その頃私は日本人）教育制度を変えられ、無実の人が罰せられた時代があったのです。負けたからどんな思いをしても仕方がないのですが、金を貯めたからと悪く言われるのを黙っているわけにはいかない。私はそう見得を切りたいのですが、しかし現状ではあまり大きなことも言えないのです。日本人は、地元の慈善事業の寄付には快く応じなかったし、行儀が悪いし、日本人同士固まって行動するし、商売上利用価値のない人とはつきあわない傾向があるからです。

しかし、ナショナリズムにけちをつけられることはないのです。シンガポールなどはその見本なのですが、国の利益にならないことは全くしません。中国も然り、アメリカだって自分の国のためになると思えばこそ、アジアに、中近東に出ばっているのです。

恥じることはありません。自分の国を愛して、その国益を図るのは当然のことです。戦後の日本人は国家意識をなくし、愛国心も喪失しているように見受けられますが、自分の国を愛せないで、どうして他国との問題を解決できるでしょうか。自分の国を愛してこそ、他国の人が自分の国を愛している気持ちも理解できるのです。双方に愛国心があることが理解できて初めて、そこから心の開いた話し合いが始まるのです。

尊厳を保つことと威張ることと

「視其徳如在草野　彼豈以富貴移易其心哉」

これは『争臣論』の中にある文章で、「その人の態度を見ると、出世した今日も、在野にあった時と何の変わるところがない。彼は富貴になったといって、にわかに心を変えるような徳のないつまらぬ人でないから」という意味です。

人間はどんな状態におかれても同じ態度を保てることを理想とします。着ているものが上等になったので、中身も上等になるのは結構なことです。しかし何も威張る必要はないのです。それは必定、中身が上等でない証拠ではないでしょうか。前記した言葉が大昔からあるところからすると、昔もやはり地位や金を得ると、態度を変え、鼻が上に向く手合いがたくさんいたと見えます。二千年経てもいまだに変えることのできない悪癖。人間の本能の中にあるのでしょう。しかし徳を積めばこれから免れるとも書いてあります。

GDPが上がり、金が貯まり始めた日本でも、この悪癖が顔に出ている人がいます。気をつけていただきたいと思います。人は威嚇しなければついてこないと信じている日本人もいます。バンコク、インドネシアに特に多く居住すると聞きます。日本軍が宣撫《せんぶ》工作に成功しなかった大きな原因になった態度です。

尊厳を保つことと威張ることには大きな差があることぐらいすでにおわかりでしょう。腰を低く、ニコニコしていても尊厳を保つ道はいくらでもあります。偉そうにつんけんしていないと、相手がつけ上がると信じている向きが多いので、一言申し上げる次第です。フレンドリーな態度でこそ尊敬を得られることをお忘れなく。

日本人が、徳を積もうと気張らなくとも、大部分の東南アジアの人々は親切で人懐こい人種なのです。わざわざ偉く見せようと考えるから間違うのです。一生懸命に働いて貯蓄に励めば、金持ちになれる。運が加わればもっと金持ちになれる。働くことは人間だけがするという解釈のもとに、ニンベンが動くの隣についています。ニンベンがない動物は動くだけということでしょうか。人間が一生懸命に働く。働くことによって徳が磨かれるのです。一つのことに打ち込むことによって、世の中のさまざまなことを悟ることができる土壌を心に養うことができます。年経るごとにその深みを増すはずです。人間には本当は上下はない。あとからついただけなのです。

あとからつけた上下だから、いつ変わるかは天命によります。上に昇れたのは人々の協力があったからで、自分一人で人を掻き分けて上がったと信じている人でも、必ず幸運と人の協力があったはずです。なぜ威張ることがあるのでしょう。天の決断に感謝、衆人の協力に感謝すべきで、弱い者いじめを始めたり、そっくり返ったりするのはとてもおかしなことです。人品卑しからずという言葉があるとおり、本当にすばらしい人には、〝私は偉いのだ〟とラウドスピーカーで叫ばなくとも、容姿・態度に必ず人と違う様相が出ています。見る人が見ればわかるのですから、自信があるなら腰を低くニコニコしていること。人がわからなかったら、まだ自分の努力が足りないと考えればよろしいのです。

「疑勿用　用勿疑」

従業員をクビにするのが好きな人がいます。アメリカのマネージメントを勉強した人に多いようです。東南アジアで仕事をする場合は、この点に気をつけていただきたい。中国人の社会では、ちょっとのことでは人をなかなか免職しないのです。すぐ従業員の首を切るようなことをするボスは、明主ではないとされています。

「水至清　則無魚　人至察　則無徒」――水があまりきれいだと魚が住んでいられないと同様に、あまり細かいことまでくどくど言う人のところには人材が集まりません。

「無求備於一人」――一人の人間に、あれもこれもと完全な状態を要求しても、人にはそれぞれの長短があります。

「疑勿用　用勿疑」――人を疑うならばその人を用いないよう、用いた以上は疑わないよう。子路（孔子の弟子。孔門十哲の一人）も言っています。

「及其使人也　求備焉」――人にはそれぞれの能力がある、一人の人に全能を求めるのは下手な使い方です。

大事なのは器にふさわしい使い方です。この人を使う能力のない人を海外の支店長に送ってよこすことのないように、重々気をつけていただきたい。

日本人同士の首切りなら国際問題になりませんが、海外で現地の人たちを、役に立たないからとポンポン首を切っていると、不買、不売運動にまで発展する恐れがあります。物を盗む子は悪い、しかし盗むようなことができるシステムがあるのも悪いと思います。言うことを聞かない子は悪い、しかし入社する時はそんな子でなかったのなら、何がその子をしてふてくさせるのかを、研究してみないといけないのではないでしょうか。

理窟の上では正邪はきちんとしていても、規律すれすれまでは情で物事を処理してあげる心掛けを持ち合わせないと、兄たり得ないと思います。心の中に思っていることは、いかに上手に言いつくろっても、相手には通じてしまうものですし、朝から夕方まで観察される状態にあれば、ちゃんと嗅ぎわけられています。また首を切らずに、相手が辞職するような状態に追いこむ人もいますが、これはもっとよくありません。相手に憎しみを抱かせることになり、後日きっと何かの形で報復されることになるからです。

人を詰問し、追いつめないように。また意地の悪い、出ていけよがしの態度もよくありません。別れ際はどんな時でも、どんな人でも大切なのです。後日、道で会って今どうしているのと聞ける間柄で別れなければいけないと思います。現在の日本に一番必要なのは大らかな男女の出現です。頭はそんなにずばぬけてよくなくてもいいのです。記憶力がよければ試験の成績はよいのでしょうが、記憶力すなわち人格者とはいかないのです。

三宝を持つ人になるように。一つ〝慈〟、すなわち情、二つ〝倹〟、すなわち倹約、それに謙虚な心。心に決めて努めることは、きょうだめでも必ず遠くない日に体得できるものです。明日の日本のために、ぜひとも心掛けてほしいものです。

アジア人、世界人の一人として

外国人に虐げられたことのない日本人は、いわば「温室育ち」で、深い悩みのどん底や絶望の果てを知りません。そのために、何事も人まかせ、運命まかせ、行き当たりばったりの傾向があります。幸いにも優れた感度と勤勉さがあって、幸運に恵まれたからここまでくることができましたが、豊かになりすぎて物も情報もあふれるようになると、それに溺れて純粋さ、謙虚さ、物事に対する洞察力を失いつつあるように感じられてなりません。

中国がアジアの生産拠点として急成長してきましたが、少しのコネでも押さえて、より速やかに、有利な取引をしようと血眼になる人々、友好商社の門口を押さえて、わが世の春と肩をいからせる人々、そんな人が多ければ多いほど、中国から笑われるだけです。北京語を話せても、中国を理解し、中国人の人生観や中国の思考をよくわきまえていなければ、話は食い違うだけだと思います。

中国政府は、理解しがたい日本をより深く理解しようと、日本で発行されているあらゆる刊行物を、日夜研究していると聞きます。日本もまたそういう努力をすべきだと思います。

世界の人々は、日本人ほどミステリアスな国民は他にいないと言っています。日本人は人を出し抜くのが好きで、勝てば官軍だから手段を選ばないと思われています。日本の真珠湾攻撃は、未だに日本人の性質を証明する材料に利用されているのです。日本人の中にも、敵に塩を送った人物がいたというのは昔の話で、海外に出ても日本の企業同士が果たし合いをすることもよく知られています。

日本人は、外国語が書けて読めるのに、なぜ話ができないのかということも、不思議がられています。日本の大学生が外国に来て、レストランで食事の注文もできないのはなぜか、そしてまた、そばのテーブルにいる日本人がそれを助けてあげないのはなぜなのか、外国の人は理解できないでいるのです。

中国人は外国に出ると、必ずチャイナタウンを建設します。中国人同士、肩を寄せ合って協力するためです。それでいて、南アフリカを除いては、中国人ゴー・ホームを叫ばれたことはありません。ニューヨーク、ロンドンの株式市場で手広く活躍しても、危険視されません。

それはなぜなのか。そのことに深く思いを致していただきたいのです。技術面で優秀な日本人は、いくらでも東南アジアの人と協力できる道があります。技術的なノウハウを教えたら損だなどと、子供みたいなことを言わないで、どしどし指導し、協力していただきたいと思います。日本はさらに新しい技術をどんどん開発して、それでまた一段の躍進をしたらいいのです。中国人は発明の土台となる考え方ができる人種であり、日本人はそれをよりよい性質に改良できる頭脳の持ち主です。仲よく協力できたら理想的な組み合わせだと思います。世界人の一人として生活する時代になっています。目先の損得だけでなく、遠い将来を見つめて生活設計を描いていただきたいものです。

心の内なる敵をうて

以前、商社がマグロの買い占めをしたことがありました。ちょうどその時、六本木のすし屋に行ったら、そこの大将が威勢のよい人で、「商社の連中が来てもマグロは食わせてやらないから」と悲憤慷慨していました。私に言わせれば、食べさせてあげないぐらいではいけないのです。国民が一斉にマグロを食べなければよいのです。そういう時には、マスメディアがキャンペーンを張らなくてはいけません。国民に呼びかけてマグロを食べない運動を起こせばよいのです。

買い占めたマグロは、いくら冷凍でもそんなに長くしまって置くわけにはいかないし、費用もかかります。ですから、もそもそボヤいていないで、大いに旗でも立ててデモ行進すべきだと思います。国民全体の福祉のためです。共同戦線といかなくては。主婦連などもそういう時はもっともっと活動すべきです。お祭り騒ぎでなく、真剣勝負で、あくまでも民主主義の原則にのっとった言論でやっていただきたい。

こうした日本人の行動は、翌日は東南アジア全体にテレビで流れます。起こった事件をどのように日本人が片づけるかは彼らの関心の的ですから、野蛮人と思われないように、上手に処理していただきたいものです。

東南アジアの人たちは、今でも日本人が攻めてくるのを恐れているところがあります。戦争の時、ずいぶんひどいことをしたのだと思います。中国人を含めて、オーストラリア、英国人から、改めて「日本人はとても優しい思いやりのある人なのですね。私たちは長い間、そんな日本人を想像したこともなかった」などと言われて、私のほうがかえって驚いています。長い間、日本人ぐらい恥ずかしがりやで、人のよい人間もいないのではないかと信じており、いろいろの誤解は、外交下手、説明不足からくると思っていましたので。

でも、バブルの頃の日本人はアメリカ人が言うところの「マネー・クレージー・ジャパニーズ」の呼び名に弁護ができかねるようなことをしていました。「多蔵　必厚亡」と老子が言っています。財産をたくさん蓄えようとすると必ずその財は失われ、それと同じように、人間の本質をも失うことがあります。気をつけてほしいものです。亡者になっては困ります。昔からいろいろな話があるように、欲ばっていても末はみな破滅に終わっています。足ることを知らなければいけないと思います。人を困らせてまで儲けなくてもよいではありませんか。虚栄心ばかりの競争がくり返されるのは人間を不幸にします。経済を向上させて幸福を得ないなら、何のためのお金なのでしょうか。幸福はお金では買えないのです。なぜなら欲望には限りがないからです。

節度のある人間にならなければなりません。文明の利器が増えるにしたがって人間の質が落ちるのでは困りものです。敵は外にいるのではなく、あなたの心の中に棲んでいるのです。欲望が人間を進化させたことも事実です。しかし、それは人間が欲望をコントロールできる時には有益だということであって、欲望に支配されるようになったらおしまいです。

長くつきあうには

多くの親日家が、しきりと日本人の欠点、弱点を日本人が集まる場所で忠告してくれます。当を得ているのもあれば、的はずれもあります。しかし不思議なことに、そんな時、日本男性はみな、おとなしく黙って聞いているのです。

正しい忠告は礼を言ってすぐに改良するように努めるべきですが、当を得ていないセンテンスは、立ち上がって、その誤解を指摘すべきだと私は思います。何も黙って言いたい放題のことを言わせておくことはないと思います。濡れ衣ということもあるし、思い違い、彼らの習慣、生活環境から理解しきれなかった部分もあるはずです。

例えば、日本人が現地人を昇格させないという抗議に関しても、それに値しない人を、やたらと上に据えるわけにはいかないのは当然のことです。ですから、それぞれの実例を示して、これら忠告者に話して、やたらと一方的な忠告、抗議をしていただかないようにしないといけません。それが長くつきあっていくコツです。

本当は誤解だと言いたいのに、それを言わないで、腹の中に何かしまっておくというのは一番いけません。先方が論陣をはって忠告してくれるなら、当方も、英語の達者、中国語の流暢な日本男性に代表してもらって、弁解すべきです。相互理解が必要な時です。先方の面子をつぶすまいと、不満があっても黙っているから、今度は腹が黒いと言われるのです。

明るく、「ご忠告ありがとうございます。でも今おっしゃったこと、ここはこのように解釈していただくわけにはまいりませんか」とか、「日本人だけ固まる、固まるとおっしゃるが、われわれの身にもなってください。あなたたちのように、小さい時から何ヵ国語も自然に覚えて育っていないから、とてもくたびれるのです。食事ぐらい日本語でしゃべってくつろぎたいと望んではいけませんか。僕らも一刻も早くあなたたちと同様に、くつろいだ状態で外国語が話せるようにしますからご協力ください」等々。思ったとおり、考えたとおり、自分の信じていることを、相手の親切心を傷つけないように述べてほしいと思います。

従業員をやめさせる時も、彼の非を認めさせた上でないといけません。いい加減なことを言って、おだてた形にするから、当人が、自分が悪いから首を切られたと思わないのです。普段悪いことがあった時にすぐさま注意しておかなければいけないし、最後通牒を申し渡す前に、この次こういうことがあるとやめてもらわなくてはならないから、十分に気をつけるように、と申し聞かせないといけません。最後までなまぬるい状態にして首を切るから、「土地に慣れ、現地の人の協力が必要でなくなると、自分たちでやってみると言って現地の人をやめさせる」などと言われるのです。もちろん、そういう意図で現地の人をやめさせる会社もあることは事実です。しかし、礼を尽くしてやめてもらえば、心のしこりは残らないと思います。とにかく反省してみるのはよいことです。誤解は誤解を生みます。互いに本当の友人になろうと心掛けることが大切なのです。

戦争責任のとり方

シンガポールの国民広場のわきに、大東亜戦争で日本軍に殺された人たちの冥福を祈るための記念塔が建っています。こうした記念塔がそびえていることに、シンガポール在住日本人は心を痛めています。

現在の若い世代の責任でなくても、日本人である以上、これからも背負っていかなければならない問題で、一日でも早く、地元の方たちが、互いに過去は水に流して、と言いだしてくれるのを努力しながら待つより仕方がないと思います。

私もシンガポールに骨をうずめる決意をしたのだから、いつの日かこの記念塔の姿があの場所からなくなることに、日本の方たちとともに努力できたらと考えています。ささやかな力しかない私が、どれだけ役に立てるかわからないけれど、シンガポール在住の日本の方たち、また日本内地の方たちの要望があれば、細腕一本くらいはへし折ってもよいと思っています。私が一生懸命に努力したことを、私の亡くなった主人も、主人の亡父も、私の亡父も喜んでくれるのではないかと思います。

日本と東南アジアは、どうしてもしっかりと手をつないで共存していかねばなりません。そのためには、山積している問題を小さいところから一つ一つ解決していかねばならないと思います。何年かかるかわからなくとも、一歩を踏み出さねば目的地には到着できないのです。方向さえ決まっていれば、その歩みは遅くとも、きっとゴールに入れます。中国故事の「愚公山を移す（愚公という農夫が、長い年月をかけて日射をさえぎる山の位置を移してしまった話）」の精神で、たゆまず努力すれば、不可能も可能になる日があると信じているのです。

信じがたいようなむごいことをしていた日本軍ですが、その多くが陸軍の所業でした。海軍は上陸して駐在した人数も少なかったせいもあるでしょうが、海軍の軍律は厳しく、みな品行がよろしかったのです。教育に大きな違いがあったのだと思います。同じ日本人でも、その教育次第、上官次第で異なる態度が保てたということは、考えるべき大切な情報だと思います。

日本人を、東南アジアの人たちの印象の中で、いつまでも野蛮な存在にしておくわけにはいきません。たくさんの呼び名を形容詞にいただいたけれど、一日も早く、その形容詞を、美しい、義に、仁にかなった形容詞に変えなければならないと思います。

自分たちだけが栄えることができる時代ではないのです。みなさん共々に、という心掛けで、三人よれば文殊の知恵、もっとたくさんの人の協力があれば、なおよい結果を呼ぶことができるでしょう。互いにただ希望ばかりしていても仕方がありません。小さいことから始めましょう。まず日本人同士協力してください。

シンガポールは緑の街

日本の新聞・雑誌記者氏は欧米のニュースのことには詳しいようですが、東南アジアのことについては上っ面しか知りません。三十数年前、私は日本の大会社の社長数人に、シンガポールの将来について大変有望な要素があると話した時に、彼らはそろって国が小さいことを問題にしました。もちろんその頃シンガポールは、マレーシアから独立して間がなく、その将来を買ってもらえなかったのはあたりまえなのですが、国が小さいという理由に、私は「金持ちだってドラ息子ばかりかかえていたらしようがないでしょう。貧しくとも優秀な子供たちがそろっていたら将来は明るいのではありませんか」と申し上げました。

その後、シンガポールは工業立国を目指して努力し、かつての支配者である英国人も驚くほど成長しました。淡路島ぐらいの大きさで人口四百万の国です。さまざまな人種をかかえて、三つも四つもの宗教の違う人と仲よく暮らしていかねばならないという状況にあります。自動車で三十分も走るとすぐ隣国、海を見れば向こうに隣国が見えるといった具合です。

ここに世界の縮図を作ろうというのですから、その努力は大変なものでした。わずか四十二歳で国のリーダーになったリー・クアンユーは、多忙な執務のあと、毎日二時間を北京語、福建語、マレー語などの習得にあてていたそうです。以下続く閣僚、その下に働く役人（中国人、インド人）のほとんどが、三、四ヵ国語を話すことができます。この人たちが日本人と同じ馬力で働いているのは頼もしいかぎりでした。もちろん、建国当時は経験が少ないために起こる問題も続出しましたが、真剣に努める様子は好感が持てましたし、第一、少しも威張らないのには感心しました。日本の明治維新を想像して、例えば勝海舟はこんな人物ではなかったのかと思ったほどです。

緑の多いシンガポールは、日本の都会ではとても想像できないほど美しい街です。最近訪問した日本人が、「生き生きとした緑、紙くずの落ちていない街。食事はおいしいし、物価は妥当だし、女の子は素直だし、公園の中にビルが建っている感じだ」と、訪問者のお世辞として受け取ってもおつりがくるぐらい褒めて、「またぜひまいります」と言い残しているのです。みなさんもぜひ一度、シンガポールをお訪ねになっていただきたいと思います。

第三章　日本語のこと、メディアのこと

正しい日本語で優雅に

日本人には言葉づかいのマナーがよくわかっていない人が多いようです。例をとれば、私の名は暁子というのですが、日本の方で、私といかに親しいかを示すためでしょうか、先方に「暁子さんです」と紹介なさる人がいます。これは間違いです。「胡夫人です」と紹介されるべきです。さもなければ「胡暁子さんです」と言われるべきです。アメリカ人のパーティーでは、よく敬称ぬきで「ジス　イズ　アキコ・オー」と紹介される場合がありますが、これはごく親しいカジュアルな集まりの時です。普通一般には「ミセス　オー・イッホウ」です。

近頃、ホテルのレセプションやレストランで、すごく馴れ馴れしい言葉を発する人がありますが、アメリカ人がヨーロッパ人に嫌われる一つの原因は、彼らの不遠慮な馴れ馴れしさにあ

るのです。アメリカ人は五分くらいたつと百年くらいの知り合いの様相になりがちです。あれは人間が軽く、中身が薄い印象を与えるので、十分親しくなるまでは、互いに敬語を使用するようにすべきです。若い人たちに、「何を言っているの、このおばさん古い人ね」と言われそうですが、言葉とか服装がその人の性格に与えていく影響の大きさを私は知っているので、言葉に注意していただきたいのです。親が美しい日本語を話せば、子供たちの耳に自然に入っていくものです。その逆もまた真なりです。きちんとした日本語で正しい意見を述べられないで、英語その他の外国語をマスターしても意味がないではありませんか。

昔と違って最近は、英語、仏語、中国語の堪能な若い人が増えてきたことはまことに喜ばしい限りなのですが、その反面、日本語がまずい人が増えてきたのは嘆かわしい限りです。実は普段日本語を使わない環境にいるので、私自身の日本語も上手でないと、日本に帰るたびに友だちに笑われます。でも少し長く滞在すれば上手になる自信はあるのです。美しい国語を話せる人に会うと、その人の全部が美しく思えます。醜い言葉の代表と言われる広東語でも、美しく話す方もいます。

ハンサムな男性でも、美人でも、話す言葉づかいが美しくないと興ざめであることは、みなさんもすでに経験なさったことがおありだと思います。フランス人も、英国人も、こぞって日本の教養のある婦人の話す日本語の響きの美しさを褒めたたえてくれます。どうか精神を込めて、美しい日本語を身につけることを勉強していただきたいのです。

正しい言葉を使うと、心も態度もそれに伴い優雅になるものです。外国語が不得手であればなおさら、相手は、日本語の抑揚その他であなたの人物を採点することでしょう。東南アジアの人々は、日本人の利己主義と高圧的態度への不満、劣等感とその裏返しの優越的態度への反感、帝国軍人調などへの嫌悪感などを持っていますが、優しい日本語で物事を伝える習慣によって少しく緩和できるはずです。どんな情も感じられないような、紋切り型の口のきき方は害があるだけです。適当なユーモアを交えて美しく会話を運んでいきたい。

容貌はよくないけれども、美しい言葉と抑揚でロクサーヌに愛されたシラノ・ド・ベルジュラックの例もあるではありませんか。日本の男性の皆さん、どうかよろしく、優秀な工業製品だけでなく、外国の女性が熱愛するに足り得る、素敵な紳士の大量生産をお願いしたいものです。日本女性に少し脅威を与えることが肝要です。外国の女性に比べて怠け者の人が多いようですから。「妻の座」なんていうものは外国の女性には初めからありません。日本男性の利己主義が日本女性を進歩させない原因でもあります。国際社交の場は、夫婦一組で一人前になるのが普通です。

東南アジアでの日本語の使い方

外国にいると、周囲に日本語がわかる人がいないだろうと思いこんでいるせいか、言葉をうかつに使ってしまうことがあります。私にもこんな経験がありました。

シンガポールのオフィスでエレベーターを待っていた時のこと。秘書が「聞き逃したことがある」と指示を受けに飛んできました。その指示の最中、私はうっかり「あの子はちょっとバカだから、詳しく丁寧に手紙を書いてやるように」と言いつけたのです。うっかりというのは、バカという部分だけを日本語で発音したからでした。

秘書は私に長年ついていた優秀な人で、私が、ちょっと気の利かない人をついバカとあだ名するのを心得ていますので、問題はありませんでした。バカという言葉は、まったく悪気はないのですが、私の悪い癖なのです。

ところが、エレベーターに乗りこんだ時、続いて乗った青年が、「あなたは日本語がわかるのですか」と尋ねます。なぜと問い返すと、「今、バカという日本語を使ったでしょう」と言うではありませんか。後ろで聞いていたらしいのです。「私は日本人なのよ」「あなたは日本人には見えませんね」ということでこの場は終わったのですが、その時つくづく思いました。このあたりでうっかりバカという言葉を使ってはいけないのだと。

シンガポールは日本の陸軍に占領されていた関係で、オフィスのあるその地域一帯の、特に年配の人々には、「オイ」「コラ」「バカ」という日本語を知っている人が多いからです。私の「バカ」には蔑視の意味はなく、かわいい「おバカちゃん」という程度なのですが、彼らにそれをわかってもらうのは無理というもの。言葉は、相手の理解力に応じて選ばないと誤解が生じてしまいます。それが身にしみた経験でした。

曖昧な表現は誤解のもと

日本語に「ではなかろうか」という表現があります。政治家がよくこの言葉を使っているのを耳にするし、週刊誌などでもよく使用されている言葉のようです。私も東京を訪問した際に、「ミセス胡、日本に来た時は、『です』と断言するような言葉を用いないほうがよいですよ。『ではないでしょうか』とぼかしておいたほうが無難です」と忠告されたことがあります。

でも私は、「ではなかろうか」としか言えないのなら、話をしないほうがよいと思っているのです。英国や中国では、そういうのを「空気がむだ」と言います。曖昧模糊《もこ》としたこのような表現で、なぜ自分が伝えたいことを表現しなければならないのでしょう。

例えば、「この色は赤ではなかろうか」と言った場合、赤に見えるが赤でないのかもしれないという含みがあります。責任を取らないで済む表現なのです。あとで「私は赤と言いませんでしたよ。あるいは赤に見えると言ったではありませんか」とも言える仕組みになっている言葉づかいなのです。このへんの日本語を、他国の言葉に訳してみると、はなはだ複雑なことになってきます。

また、「善処しましょう」という言葉も複雑です。善処だから解決の方向に持っていくことに間違いはないのだろうけれど、日本語の場合の善処は、あまり善処を行なう意志のない時に使用されるようだし、「善処しましょう」だからいつでもよいのです。この表現で日本人はビジネスや政治交渉のさまざまな問題をこじらせてしまいます。どう英訳されたのかよく知りませんが、のちに紛糾した問題点を見れば、「了解」「イエス」のほうに訳されたことはほぼ間違いないでしょう。国際社会の一員として身を処していく上で、この日本語の曖昧な表現法は是正していかなくてはならないと思います。ただ単に、日本語の表現の調整だけでなく、頭のほうの思考の仕方も切り替えなくてはなりません。

自分の発言には責任を持つように。また相手の発言も曲げないで正確に受けとめ、頭の内容も充実していかなければならないと思います。既成の概念にとらわれることなく、自由に、たしなみのよい、規律ある人格をつくるように日常励んでいただきたい。立派な人格があってこそ誠意のある正しい言葉が出てくるのです。

東南アジアの各地、欧米も含め、現在の日本人はあまり信頼されていませんし、尊敬もされていません。明治時代の日本人が信頼され尊敬されていたのに、なぜこんなことになっているのでしょう。背骨が真っ直ぐに通り、腹が据わっている人間が少なくなってしまったからだと思います。礼儀正しい人も少なくなってしまいました。優しい愛情にあふれる人も少なくなってしまったようです。文化・文明が進むということは、本来の人間性を少しずつ削って、違った質を備えさせることと比例していかなければならないものなのでしょうか。それはとても寂しいことです。

私が「責任を持てる正しい表現をするように」などと言っても、「あまり物事ははっきり言わないほうが、角がたたなくていいのです」と言う日本人が多いのは残念です。日本だけが他の国と何のかかわりもなく存在していけるのだったら、それぞれ、のらりくらりの表現法を使用しても、互いにわかっているからよいのですが、他国の人にそれは通用しません。誤解を生ずるだけです。

「善処」と「考慮」と「前向き」

ある夜のパーティーで、シンガポールのチャタード銀行のアシスタントマネージャー夫妻から質問されました。「日本のビジネスマンから、『日本人が善処すると答えた場合は、善処しない場合のほうが多い。考えておきましょうと答えた場合は、ノーと言ったのに等しい』と言われたが、あなたもそう思いますか。もしそうなら、善処しないパーセンテージはどのくらいで、ノーは何パーセントのノーか説明してほしい」

それで私は、「今までの経験からすれば、『善処する』のほうは七〇パーセントくらい、『考えておきましょう』は九〇パーセントくらい、それをしたくないという意味と取ったらよいでしょう」と答えました。

そしたら、「日本人同士はそれで互いに了解し合っているのならよいが、われわれと交渉する時までその調子を持ちこむのなら、こちらもよくその言葉のあやを理解していなければならないから、そういう本を一冊書いてくれませんか」と頼まれてしまいました。私は「英文なのですぐお約束できないが、近い将来さっそく資料を集めて、日英のためになんとかお役に立ちましょう」と約束したものです。

日本語にはどうにでも取れる表現がたくさんあるので、英文に訳すと、オリジナルの表現がこわれる場合がまま生じます。英文はビジネスを行なうのに適した言葉です。電報を打つのに最適です。簡単明瞭に互いの意思を通じ合わせられます。日本語は物事の形容がとても複雑です。徳富蘇峰《とくとみそほう》は後輩の新聞記者に「この形容は間違っている」と細かく指摘して、さんざん悩ましたと聞きます。例えば、「梅は散る」のでなくて「こぼれる」のだそうです。

各国の原作がまずくても、日本語に訳されて名文になっている例がたくさんあります。それとまた逆に、日本文を外国文に訳すと、名文が名文にならず、その上、日本の文学には国際的に感銘を呼ぶ思想が横たわっていないので、日本文学は世界に広くその読者を募れないでいます。川端康成の『雪国』は、訳が西洋人に理解のゆくような苦心が払われたので、ノーベル賞をいただけたのだと言われています。私もそう信じています。

今時ははやらないと思いますが、「粗品」とか「愚妻」とか「豚児」などは、英語に訳したら、外人はおかしく思うでしょう。人に粗末な品物を差し上げるのは失礼と考えるからです。私が選んであなたに喜んでいただこうと願っている品物は、金額がはらなくても粗品と表現するのはおかしいというわけです。「寸志」ならわかります。これは中国語の訳で本来は「小意思」です。本当に愚妻を持っている方も時々いるようですから、その方たちが愚妻と表現するのはよいのですが、日本の場合は一般の習慣で愚妻と書きます。もっとも、最近は愛妻家が多いので、これはわざわざここに書くこともないかもしれません。子供に関しても、わが子にかぎり絶対にと信じておられる方たちが多いので、「豚児ってなあに」と言う時代でしょうね。

さて残るは「善処」と「考慮」です。これもいち早く本当に百パーセントの善処にしていただきたい。考慮も、約束したら期間をくぎって考慮してください。このスピード化時代に三ヵ月も考えているようでは困ります。「前向き」というのもおかしい。すべては前向きに進まなければいけないのですから。日本が世界の国に貢献するためには、意思を裏表なく簡単明瞭に伝えられるよう、もっと工夫をしていただきたいものです。

マスメディアの責任

教育、新聞、雑誌の公害はどこの国にもありますが、特に日本においてはそれが顕著です。日本くらい一般の教育水準が高く、博識な国民はおりません。微に入り細にわたり、世界のすみずみの国のことを「ではなかろうか」という表現で教えてくれます。これが百科辞典的な知識なら、まず被害はないのですが、時としていろいろな先入観を植えつけるので困ります。「明治維新の人々は愛国、建国心に燃え、偉かった。それにひきかえ、今の若い者は」という表現をよく見聞きしますが、これはいけないと思います。あんまりたびたび目から耳から洗脳されると、若い人たちは「そうかな。僕たちはだめなのかな」と思うようになってしまいます。洗脳なんて簡単にできるのです。

私自身、中国を汽車で上海から広東まで旅行した時、こんな経験をしました。汽車の中で、就寝時間を除いて朝から夜まで「東方紅」をスピーカーで奏でられ（がなりたてられ、と言ったほうが正確）、「うるさいな。悪い曲ではないけれど、南無妙法蓮華経のほうが眠気を催させるだけ平和的でいいなあ、これは一種の拷問だな」と思わずにはいられませんでした。蚊や蝿がいないので助かりましたが、汽車の石炭粉の窓からの飛び入りとあいまって、大いに気分を害してしまったのでした。

さて、広東のホテルで三十時間余の汗を流すために湯槽にひたって、何げなく私の口から出て来たのは、この「東方紅」のメロディーでした。私は驚いてしまいました。こんなに簡単に刷り込まれて覚えてしまうなんて。私は自分では結構、意志の強い女だと思っていたのですが、案外くだらないなとすっかり自信をなくし、後日、心理学の先生にうかがったところ、「反抗する人ほど早く覚えるのですよ」と言われました。そこで悟るところが種々あり、大変勉強になりましたが、この時のショックは今も忘れられません。

これ以来、子供たちにはわかってもわからなくても、正しいと思うこと、考えをまとめるために役立つこと、人生でもっとも突き詰めなければいけないことなどを、機会あるごとに話して聞かせることにしました。

両親、学校の先生、マスメディアに携わる方たち、どうか深く物事を掘り下げて考えて発言していただきたい。人と仲よく生活してゆくことがベースの線にあってほしいと思います。大勢の人と仲よく協調してゆくのは至難です。バイブルがあり、お経があってもできなかったのですから。

私は「汝の隣人を愛せよ」なんて難しいことは言いません。愛さなくてもよいから、角突き合わせることだけはしないでほしいのです。つきあわなくてもよいから、せめて「ハロー」ぐらいの挨拶はし、あとは知らん顔をしていればよいではないですか。悪口を言うことはありません。私は私の友人全部に、どうか私を通して知り合いになった方たち同士、仲よくしていただきたいとお願いしています。

仲よくできない同士というのはどうしてもいます。虫が好かない、肌が合わないというのは仕方がないことです。でも、陰の悪口だけは避けましょう。そして人に一定の概念をあらかじめ授ける時に、深い高い道義の上に立って論陣を張るように習慣づけていただきたいのです。私は幼い時から中国人に対してよい印象しかありませんでした。なぜなら父が天津、北京に旅行して聞かせてくれた話の中に、中国人は大変に尊敬に値するという話しか出てこなかったからです。父は私に決して人の悪口を聞かせませんでした。

また父は私に、「階級」を意識させるような教育はしませんでした。私が子供だった頃、わが家には「女中さん」がいました。私は、この呼び方が階級を区別する言葉などと思ったことがありません。「ねえや」も、今でもかわいらしい響きを持った、家族の一人のような呼び方ではないかと信じています。私たち姉妹は、料理も手伝わされましたし、ふとんも自分の分は自分で上げ、廊下、トイレの掃除も女中さんと一緒にさせられました。私はこの父の教育に深く感謝しています。

「汽車に乗れば家と同じと思いなさい。紙屑をちらかしてはいけません」とよく言われたものです。こうしたことを、当時の私は「うるさいな、また同じことを言って」と思って聞いていたものでしたが、何度も言われたことでこれらは身についてしまい、今、世界中の人とのつきあいであまり恥をかかないで済んでいるのです。

南京、マニラ、シンガポール、至るところで日本軍が犯した過ちは、長年培われた「神国日本」の誤った理解によって、日本民族の優秀・優越感、その裏返しの他国民族を蔑視・差別する考え方が刷り込まれた結果、犯してしまった罪です。誰がどうのということでなく、日本人全体が引きずられて、その間の調整ができなかった罪の結果です。

今でも、中国や韓国などから、日本が過去に犯した過ちを指摘されていますが、これを謙虚に、白紙の状態で、日本の指導者が、教育者が、マスメディアが受け取れるかどうかに、日本の将来がかかっていると思います。第二次世界大戦で日本が犯した罪は、代表者が謝罪し、賠償金を払えば済むという類いのものではありません。相手側の胸の中に深く刻まれた傷は、そんなことで癒えることはないのです。

自分の物差しで人を理解したと思うな

「今回二週間ほど東南アジアを回りまして、僕は今まで、これらの諸国の認識の〝に〟の字もなかったことを知りました」。ある新聞記者の言です。正直な発言は大変結構です。二週間の旅でどういうふうに認識されたか、時間がなくて聞けませんでしたが、彼が彼なりに認識したことを日本のみなさんに知らせてくれるのはよいと思います。しかしこれに対して、これはあくまでも、各地に三日間しかいなかったし、自分の訪問は初回のものですと但し書きをつけてほしいと思います。

日本の新聞記者で、初めて旅行して数日滞在し、「これはこうだ」と書く方がよくいます。長く滞在しているからと言って、ただぼんやり暮らしていたのでは、どれだけ正確な認識をその土地や住人に持っているかという疑問はあります。しかし、少なくとも数日よりはましでしょう。できるだけ多くの現地人の話を聞き、その人たちの発言の背景になっている部分も書き添えていただきたいものです。

たくさんご飯を食べている人が、海外で食事をし、そのボリュームに満足できなかったら、「あの国は貧しい、一杯のご飯しか手に入らない」となるかもしれません。でも常に少量で済ませている人なら、それを貧しいとは受け取りません。これは大切なものの考え方の基本になる例えですから、よく気をつけていただきたいと思います。アメリカがベトナム戦争の時に犯した大きな間違いの土台になったのが、この考え方なのですから。

もちろんアメリカが、当時、自国の防衛のためにベトナムに介入したことは、紛れもない事実です。ベトナム沿海の石油も目当てだったかもしれません。しかしその他に、ベトナムが共産国になって自由を失い、現状よりもいっそう貧しくなってはと考えて、ベトナムの人を救ってあげようとしたのも事実なのです。

シンガポール駐在のアメリカ大使館の陸海空の参事官たちがその頃口をそろえて言ったものです。「自分たちに決してテレトリアル・エキスパンション（領土拡張）の野望はなかった」と。私もそう信じます。アイゼンハワー大統領をはじめ歴代大統領はベトナムからの報告を聞いて、サロン（腰布）二枚の生活、床に座って、手でご飯を食べる生活なんてかわいそうだと思ったのです。

彼らはアメリカの物差しでベトナムの生活を測ったために、木端《こっぱ》のような家、皿が食物で満たされないような生活は、自分たちが救ってやらなければと考えたのでしょう。

アメリカ人にとって自動車のない生活、電燈がない生活は考えられないことなので、当時、あれもこれもと南ベトナムへ物を持ちこんで、南ベトナムの人の心はかえってすさんでしまいました。現地にいるＣＩＡ機関が、的確な情報をアメリカ政府に送っているのに、本省でベトナムに対する正しい認識がなかったために、アメリカは数々のミステイクを犯すことになったのです。

正しい認識がいかに大切かおわかりいただけたでしょうか。世界を回ることは大変に結構です。願わくは、言葉を身につけて少人数で行っていただきたい。できたら一人で、たくさんの国を駆け足で回らないで、一、二ヵ国じっくりと見聞きしてきていただきたい。認識が間違って悲劇をくり返すことのないように。

中国を正当に評価すること

これも新聞記者についてのエピソードです。以前、ある日本の一流新聞の優秀と言われる新聞記者から面会を求められました。日本で「醜い日本人」についての問題がにぎやかに取り上げられていた頃です。その新聞記者氏は「自分は醜くない部分を書きたいから、意見を聞かせてほしい」というのでした。そこで面会の際、私はまず「東南アジアについて、あなたはどの程度の知識を持っていられるのか、それを最初に聞かせてほしい」と逆に聞いてみたのです。そしたら「東南アジアを訪ねるのは今回が初めてで、認識もあまりあるとは言えないが、そのほうがかえってフレッシュな観察ができると考える」との返事でした。毎度のこととはいえ、私はがっかりしてしまいました。

数日の滞在で、どんな階級、職業の人たち何人くらいを対象にインタビューするのか知りませんが、彼程度の語学力で真の目的が達せられるかどうか。しかも、たかだか三十分ずつくらいの面会で、初対面の外国人に、それも記事にされると知っていて、はたして腹を割った親身な話をこの軽々しい記者氏にしてくれるかどうか。

私自身、彼の理解がゆくように、なぜ中国人が日本人をそう考えるかについて話すためには、まず中国人の人生観、対人関係、習慣などの違いから、戦争中に起こった数々の事件から例をひいて話さねばならず、三、四時間はゆうにかかりました。また、マレー人、インド人、西洋諸国人が共存するシンガポール人の対日観を語る前に、シンガポールが英領であった時のことにさかのぼって話さねばなりませんでした。

アメリカがベトナム人、アジア人の人生観を、民族主義を、過去の歴史を無視したがゆえに、「アグリー・アメリカン（醜いアメリカ人）」の名称を賜わらなければならなかったのは、世界周知の事実です。アメリカ人は、自分の物差しでいつも他国人を測るから嫌われるのです。アメリカ人は自分たちの権益、自由を大切に思うがあまり、他人の立場に立ってものを考えて見る基本がないのです。勝手によかれと思って行動する結果、数々の事件を招き、尊敬を失い、援助が援助にならなくなり、友好関係にひびが入るという結果を招いています。

自分たちと異なる生活習慣、考え方をよく認識し理解することは、日本にとっても緊急の要です。そして全力を尽くして誤解を解くように。そうでないと、日本が世界の孤児になる素因はますます積み重なり、日本の経済的発展を快く思わない人たちのワナに陥る危険も増えるだけです。

日本を訪問するたびに、私は日本の友人、知人に、それを力説するのですが、少数の人々を除いては、「だいじょうぶ！　本当に困ればなんとかしますよ。日本人はそういう人種なんですから……」と言います。どうだいじょうぶなのでしょうか！　行き当たりばったりのやり方は、やめなければならない時期が来ています。日本側にもむろん弁解の余地はたくさんあるでしょう。だからといって、いつまでも「仕方がないでしょう。立国の条件、風土習慣の違いから起こる誤解ですから……」では、もう済まされない事態になっているのです。

日本政府は東南アジアについて、正しい知識も理解もなく、確固たる政治的定見もありません。したがって、西欧からも尊敬されていません。東南アジアでも、金だけ持った困った集団と思われています。実に残念なことです。

中国とこれから実際にどう渡り合っていくつもりなのでしょうか。中国を過大評価する必要はありませんが、ただ、中国の現在、中国人の考え方、その底力をよく認識していただきたいのです。中国が日本や欧米との貿易をのどから手の出るほど望んでいるなどと夢にも考えないでください。中国人と日本人は同じ黄色人種ではありますが、まったく似たところのない異質の民族なのです。

通訳の資格、記者の心得

私はジャーナリストの方々にお願いしたいことがあります。どぎつい、毒々しい扇情的な記事でないと、読者に訴えることはできないと思っておいでなのか、外国から見ていると、ワケのわからぬ日本人にだけ通用する、おかしげな日本語（英語にも中国語にも訳せない）が氾濫しています。これは何とかならぬものでしょうか。日本を世界の人々に真に理解してもらいたいと望むなら、まず、正しい、美しい日本語を普及することに力を入れていただきたい。

外国の訪問者につく通訳に注文があります。もしこの訪問者が政治家の場合は、政治のことが理解でき、英国系は英国のことをよくわかっている人、アメリカはアメリカのことを、カナダはカナダと、最近の事情、その前のことなどもわかっている人を起用すべきだと思います。同時通訳というのは大変難しい仕事で、その方の言ったとおりを、完全に近い状態で、自分の意見を交えずに伝えなければならないので、特別の訓練が必要です。そういう学校が日本にもあるのを聞いていますが、言葉だけでなく、その人たちの土台になる一般教養も、しっかりやっていただきたいのです。

政治家には政治の、経済人には経済、軍人には軍人、それぞれの表現があるので、その知識を身につけた人でないと、互いに完全に通じ合うことは難しいのです。外交のエキスパートが、非常に高度な言い回しで、新聞記者を刺激しないように皮肉を交えて忠告したのに、通訳がそのあたりの呼吸がつかめずにストレートに通訳して、それをぶちこわしにしたのを私は聞いたことがあるので、通訳をする人には、互いの誤解を生まないように気をつけていただきたいのです。

通訳ばかりではありません。日本では物事に対して深い理解ができている人が少ないので、取材の時に思いやりがないような例がたくさんあります。もちろん人間が犬に嚙みついた話でもなければ記事にはならないでしょうし、聞けば「白が立証されるまでは黒と書け」だそうですから、気の毒な人が出るのは必然ですが、筆で人を殺すことができる仕事に携わっている人たちは、普段からの修養を怠らないようにしていただきたい。

ミーちゃんハーちゃんに向くようにしか記事を取らない記者も困ります。これでは読者をばかにしているのではないでしょうか。日本の人たちは他人のゴシップばかりに興味があるのでしょうか。芸能人なら多少のゴシップを書かれても仕方がないのかもしれませんが（彼らのほうも忘れられては困るという事情があるそうですから）、かたっぱしから「ではなかろうか」の言いまわしで憶測を記事にするのは、紳士淑女のすることではないと思います。

悪をやっつけるのはよいのですが、悪が少ないからといって、まだ黒とも白とも判明しないことまで「ではなかろうか」ではいただけません。ましてや自分の物差しだけで測ったような記事はやめてほしい。また匿名の記事は中止すること。自分の言に責任が持てないのは心ないやり方です。「そんな噂もある」もいけない。「私はそう考えます」ならよいのですが、「人がそう言ったのを聞いた」ではあまりに子供じみています。

立派な記者をそろえ、立派な通訳を束にしてそろえることも真の国際化の条件の一つです。日本語は難しい国語だから、すべて、ものを書く人は深い思いやりを持って記事を書いてほしい。心の中に憎しみを含んで書いてはならない。忠告であっても非難であっても、建設的な状態であるように。

みんなが生きていることを楽しむ権利があります。みんなが協力して楽しい世の中をつくるよう努力すべきだと思います。

暴力を奨励するテレビ

テレビが家庭に持ちこまれて以来、子供は生まれた時から暴力沙汰を見ながら育つことになりました。ポルノは大人の時間帯に限られているようですが、暴力番組は子供の時間帯でも平気で流されているからです。暴力、ピストル、機関銃などが登場する番組は、昼間でも放映されています。

私の孫は幼い頃、テレビでカンフー映画を見て夢中になりました。それで、困ったことに、メイドたちをぶったりするようになったのです。私がたしなめても、どうして叱られているのかがわからないようでした。テレビを見せないようにしても、自分でスイッチを入れられる年頃になっていたので、これでは、鍵のかかるテレビでも作ってもらうしかないと思ったものです。

大阪の飛行場で飛行機の出発を待つ間、なんとなくテレビを見ていました。すると、日本の漫才はやたらと相方の頭をぶつことに気がつきました。あれもいけません。日本の映画では、やたらとビンタを張る場面が出てきます。それを東南アジアの人に指摘されたことがあります。漫才も同じで、「あほか」と言っては頭をたたくのです。コメディーで友人をぶつなんて、外国では高級な仕草ではありません。

大人が見るだけならまだいいのです。でも、幼い頃から、たわいのない言葉のやりとりの都度、ぶつ、なぐるの光景を見ていれば、子供はそれが人を喜ばす手段とも受け取りかねないのではないでしょうか。

私は心理学者ではないからよくわかりませんが、もし教育委員なら、漫才をはじめコメディアンの人たちに、やたらと人の頭をぶつ仕草をすぐにでも自粛していただくでしょう。

西洋の人も、中国や東南アジアなどのアジアの人も、そんな表現はしません。あれが、好きで憎めない相手だからしているということは、日本人にしか理解できないのです。

私は中国人に嫁しましたが、一度も男が女をぶつのを目にしたことはありません。中国人はやたらと手を出さない国民なのです。子供をしつけるのでさえ、公衆の面前ではぶたないように心掛け、体罰は幼児期だけに限っています。

やたらと手を出すのは、教養の低い人がすることです。弱い者いじめをしないように教育すべきだと思います。

人の上っ面だけを見るな

日本の女性誌に取材を受けた時に、いつもがっかり、うんざりさせられるのは、「宝石をどのくらいお持ちですか」という質問です。私は女優でもなければ歌手でもないのです。たまたま世界に名を売った金持ちの息子のところに嫁にいった家庭人にすぎません。この質問に答えたくないと言うと「今身につけてらっしゃる分だけでもよいのです。いくらですか、それは」ときます。

私が宝石を持つか、持たないか、そんなことが日本女性の役に立つとは思われません。私は常に「私の存在が日本女性のお役に立つのならば記事にしてくださってもかまいません」と答えています。私がお役に立てるかなと思うのは、私が苦労して、努力して生活している話だと思いますが、雑誌記者の人生観の違いか、私がいかにぜいたくな暮らしをしているかということを書きたいらしいのです。

もちろん、私は日本の一般水準から考えれば裕福な生活を送っています。しかし私はそれだけの努力をしてきたし今もしているつもりです。家事・育児はもちろんのことですが他の方たちのお役に立つように、ほうぼうに出掛けて、手助けをしてきました。会社のアドバイスもすれば、個人の身の上相談、寄付金集めと飛び回って、主人の希望によって、昼食も夕食も主人と一緒にいただいていました。

主人は亡くなり、子供たちもみな家庭を持って海外で暮らすようになったので、私は一人で年に何回かいろんな国に旅行に出掛けますが、これも他人のためと子供たちのためです。自分が恵まれているのを深く感謝しているからですし、いつ難事に遭っても心の安定を失わない努力をしていたいからです。

昔、私はある女性週刊誌の女性記者に申し上げたことがあります。「あなたのようなインテリがどうして、デヴィ夫人がスカルノ氏のもとで大変にぜいたくな生活をしているようなことを記事にするのですか。インドネシアは二十五億ドルからの外国債務累積があるし、大統領は日本円にして五万円ぐらいの月給しか取っていないのに、なぜ彼女がディオールのドレスを何枚買ったとか、宝石がどうとか書くのですか。お米がなくて困って、年間所得百ドルのインドネシアの人が、この記事を見たら日本人に対して反感を抱くでしょう。あなたの雑誌はインドネシアで売っていないからよいようなものの、インドネシアの留学生が日本でこれを見ないとも限らない。書くのなら、『これらのドレスは日本商社の出費です』とつけ足すべきです」と。

彼女は「そうですね、そういう考え方もありますね」と言っていましたが、「読者の要望に応えるため、やはり華やかな物語でないと雑誌が売れない」ということでした。それが本当なら、読者は常に、ヒーローが、ヒロインが、特別なのがお好きなようで、平凡なことの非凡は認めないらしい。平凡に生きることは、実は大変に難しいことであり、立派なことなのだと私は信じています。新聞の三面だか四面記事をにぎわさない人生、淡々とした人生、そんな人生の存在は世の中にとって大切なことです。

マスメディアに働く人たちは、世の人に良識を養うよう導いていただきたい。考え方は何種類もあります。その何種類もあることを伝えるべきです。正か否かは読む人がおのおのに決めればよいことです。同じ映画を隣席で同時に見てもおのおのの意見が違います。違うのがあたりまえなのです。権威ある人の意見が自分の意見と違っていてもよいのです。各人の考えの土台になるのは各人の歴史、環境等々によるのですから。メディアの役目は、自分の価値観を読者に押しつけることではなく、十分な情報を与えることではないでしょうか。

一方、氾濫する洗脳記事で、日本にはノイローゼになっている人がたくさんいます。読む側も、各自確固たる意見を養っていただきたいと思います。人がそう考えるからでなく、自分がそう考えるから、となってほしいのです。しかしこの自分の考えを打ち立てる前には十分頭を巡らせて、頑固にならないように、目と耳の存在をむだにしないように十分に観察し、十分に聞くように。日本は世界一の文字氾濫国であるにもかかわらず、しっかりした世界に通用する人生観を持っている人が少ないのは残念なことです。

シェークスピアを読んで、物語を覚えるだけでは意味がありません。登場人物のセリフをよく噛みしめてみなければいけないと思います。深い趣きがある言葉を、それぞれが述べていることがわかります。人の上っ面だけを見る生活をやめましょう。述べられたことをよく味わってみる見識を養うことが大切だと思います。

第四章　国際人になるためのマナー

食事のマナーの悪い日本人

シンガポールのあるホテルで営業している日本料理店で、私が接した一シーンです。

夕食時、大勢の客が順番を待たされているのを尻目に、四人分のテーブル席を一人で占領し、ゆうゆうと片手で新聞を持って読みながら、片手で日本酒をちびちびたしなんでいる四十歳ぐらいの日本男性がいました。アロハシャツ、黒縁の眼鏡をかけ、サンダルをはいた足を無理に組んでいます。足が短いので組みきれず、片方の足が片方の膝にのっているだけの状態です。何日分かの新聞がきょう日本から届いたのか、日本の状況を知るべく、すみからすみまで丹念に目を通しています。時々盃を置いて、刺し身を口にほうり込んでいました。

このスタイルは、日本では特別行儀が悪いようではないし、家庭では大方の日本の男性がこの調子で食事を上がるようですが、小さな日本レストランとはいえ、公共の場です。日本人ばかりが食事しているとは限りません。多くの外国人親日家も食事に見えるのです。現に、その時私と一緒にいたのは中国人の夫でした。

この男性は、きっと家族がまだ日本から来ないか、妻が里帰りしたか、そんなところなのでしょう。金を払いさえすれば何をしてもよいというものではありません。私はそんな風景を西欧では一度も見たことがありませんし、外国人が日本でしているのも見たことがありません。夕食の混雑時に、こんなふうに、無神経な態度で新聞を五、六部読み、四人分のテーブルを一人で占領しているのは不心得です。第一、読み物を読みながら、片手で食事をするのは、礼儀作法にかなっていません。人が待っているからと、何もあわてて食べることもないのですが、新聞は食事ができ上がってくる前とか、常識で考えて適当な時に読んでほしいし、食事中にこんな足の組み方をする人は、外国ではよほど育ちの悪い人です。

私は常に、海外に出る日本人一人ひとりがよき日本の外交官であり、代表であってほしいと願っています。外交を特別の人にだけまかせておくのでなく、国民おのおのが「日本のよき代弁者でなければいけない」と自覚してほしいと考えているのですが、西欧や中国大陸を旅行していて、よく言われるのは「日本人は態度が悪い」という言葉です。

日本人は外国語に弱いので、十分、自分の考えていることを表現できない傾向があります。戦後、家庭教育がきちんとしていなかったので、食事をすることが下手な人もたくさんいます。

その上、社交の訓練ができてないので、外国に出た場合、自然な行儀のよさがにじみ出ないのです。つけ焼き刃なので疲れる方が多いらしい。今後はそんなことのないように、日本で日常修業を積まれるようにお願いしたいと思います。

「日本人は態度が悪い」は、実は行儀だけのことではないのです。日本人は考え方が多くの国の人々と基本的に違うのです。ひとりよがりで、謙虚、寛大さが足りないと言わざるを得ません。

日本人は古来世界一礼儀の正しい、親切な心の持ち主がそろっている集団でした。日本に初めてキリスト教の伝道にやって来たポルトガル人が褒めているように、類いまれな正直で礼儀正しい国民であったのです。戦争後、食べるのに忙しくて礼節に欠けた時期もありましたが、今は経済的には満ち足りたのですから、一日も早く、たしなみのよい民族にたち返っていただきたい。

言葉が通じ合わなければ、なおさらその態度、行動が大切です。先進国としての道を歩まねばならない日本は、他国の人から「嫌な奴ら」だと思われてはなりません。尊敬に値する国でなければならないのです。人間は感情の動物であるがゆえに、誠実な思いやりを示す、温かい心の持ち主、ユーモアを身につけた人を快く受け入れる傾向があります。男性がどんなに昼間の奮闘のために疲れるか、私にはよくわかります。しかし、日本人ばかりが疲れるのではないはずです。

英国の植民地支配は確かに悪賢かったのですが、それでも尊敬されているのは、彼らの外交の巧みさ、行儀の良さ、規律正しさに負うところが大きいと思います。南方の国に来て、アロハシャツも結構、サンダルも結構ですが、ただし無神経、傲慢な態度は改めてほしいものです。もうそろそろ堂々とした洗練された紳士が続出してもよい頃なのではないでしょうか。

食事よりおしゃべりのごちそうを

シンガポールのゴムのディーラーから聞いた話ですが、グッドイヤー（米）、ダンロップ（英）、ファイヤーストーン（米）などの取引先は、ビジネスの話がなくても彼らの国を訪問した時には、社長が家族ぐるみでウエルカムをしてくれるそうです。しかし日本の有名タイヤメーカーの人は、ビジネスのない時は、「よくいらっしゃいました」とも挨拶してこないそうです。「それが日本と英米の違いです」とそのディーラーは言っていました。

私は、本当にどうしてそのようなことになるのかと、日本の二、三の会社の人に聞いたところ、「取引のない時は接待などしないでしょうね。会社の費用を使えないから」との返事でした。このように日本人にはビジネスを離れても友人でいられる関係が、ビジネスを介して生まれないのです。もちろん例外はあるでしょう。しかし、日本人がポケットマネーで地元の人とつきあいをしないことはほぼ事実のようです。

日本に帰った時のための貯蓄、子供の将来のため、奥さんに何か買ってあげるためと、事情はさまざまでしょうが、奥さんの手作りの料理でよいから、なにも盛りだくさんなことをしないで、どうか地元の人を家に招いてほしいものです。菓子と茶だけでもよいのです。要は互いに知り合うためなのですから、食べるものなど何でもいいわけです。日本の人は、そんなことはできない、人をわざわざ呼ぶのに——と言います。それは井の中の蛙というもの。英国を知っている人はご存じだと思います。彼らがいかに質素な食事しか出さないか。アメリカでも家庭に呼ばれた時は、とてもあっさり簡単、公式のディナーパーティーでもないかぎり、フルコースなどほとんど用意していません。

しかし、かならず一人ユーモアたっぷりによくしゃべる人が招かれていて、座を盛り上げてくれます。理想としては、その家の主婦が話題豊富なのが望ましいのですが、日本の女性は新聞も読まない人が多いので、国際共通の話題に乏しいかもしれません。それなら、慣れない間は質問だけして聞き手に回ればよいのです。英語なり中国語の勉強だと考えればよいし、相手もあなたの進取の気性を買ってくれると思います。

私は常々、大勢の外国人の中に一人だけ日本人を伴い、みなさまの協力のもとに社交に慣れていただこうと努力しています。別に私の中に特別に義務感があるわけではないのですが、日本人の中にある優しい親切な温かい心を世界中の人に知っていただきたいと思うのです。この社交慣れのしていない人々を通して、日本人は本来決して残酷な国民ではないことを知ってもらいたいのです。しかし、日本人が東南アジアで、現地人が孫子の代までも決して忘れない、目にあまる行為をしたのも事実なのです。これは日本人の性格の中に内在する欲求不満が、異常な刺激を受けた時、優越感と劣等感がごちゃまぜになり、それに加えて付和雷同も作用して、ああした行為に出たのだろうと、私は思っているのですが……。

沈黙は金ではない

パーティーで、若い日本男性に会ったら、「ますますお美しく」と言ってくれました。お世辞とはわかりましたが、私も「なかなか上等」と言って褒めて差し上げました。若い人は純真でいいと思います。

多くの日本男性には、いろんなことを言わないで済まそうとするクセがあります。腹芸というものです。これが私事のうちは、カノジョを失うくらいで済みますが、ビジネスだとか政治のことになると問題です。しっかり、はっきり、思っていることを言い表わす訓練をしていただきたいのです。外交辞令も含めて、他の人を刺激しないように、誠意を込めた言葉を明るく話す努力をしてほしいものです。

多忙な時間の合間に、外国の小説をじっくり味わいながら読んでみることをお勧めしたい。人間の心の変化、反応などよく描写されているので、きっと役立つに違いありません。もちろん日本の本でもよいのですが、会話のあやの面白さも学んでいただきたいと思います。

日本の男性と話していて感じるのは、楽しい会話を運べる人物が少ないということです。自分一人で話をする時には魅力のある人はいるのですが、さて会話のやりとりとなると、スマートな楽しい言葉を交わせる人が少ない。男同士で話しているのを聞いていても、どうもスマートという部類に属する話ができないようです。日本語でこの調子なのですから、外国語になったらどうなるのかと心配しています。各民族、得手、不得手があるらしく、中国人の中では広東人が比較的会話を明るく面白く運ぶのが上手のようです。

ヨーロッパの女性から聞いたのですが、ドイツ人もあまり話し上手でないらしく、頭も固いそうです。だからと言って、日本の男性が、自分たちだけではないなどと安心してもらっては困ります。日本も日本なりの努力をしなければいけません。女性にもてたかったらなおさらのことです。国民全部が外交官にならねばならない時なのですから……。

家に帰って、まず奥方にスマートな言葉をかけることから始めてください。「なにを今さら」なんて照れないで、まじめにお願いしたい。

失恋した直後の男性なら、私の言葉を実感を持って聞いていただけると思います。現に、ある知り合いの日本男性が「そうなのです。わかっていると信じていたから、僕、何も彼女に言わなかったのです。そしたら、他の男と婚約してしまいました。あとで彼女に、『なぜちゃんと結婚する意思があると言ってくれなかったの』と言われて驚いています」と語っていました。

彼は二十八歳でした。明治の男だけだと思ったら、若い世代にもまだこんな男がいたのかと、私も驚いてしまいました。

驚いたのであえて重ねて書きます。思ったことは率直に明るく相手に伝えること。相手を楽しませてあげることに努力するのも、楽しいことと知るべきです。日本人同士、明るく率直に交際することから始めていただきたい。公事と私事を区別して、競争相手の会社の人でも会社を離れて、人間と人間のつきあいをしていただきたいと思います。

人づきあいの機微

日本のあるホテルの社長夫妻にお招きいただいた時に、外国人一般のパブリックのマナーのよさについての話が出ました。社長だけは、従業員用ではなくお客様と一緒のエレベーターを使用されているそうですが、その社長がおっしゃるには、「外国人からは、いっぺんも身体を押されたこともないし、年長の方という敬意を受けていつもお先にどうぞとおっしゃっていただいている」とのことでした。

私も長い年月、各国を旅行していますが、外出先で男性に押されたりするのは、日本とドイツだけです。その他の国で私は一度も不愉快な思いをしたことがありません。

エレベーターが満員でも無理に乗ってくるのは日本男性です。先に乗っているアメリカ人から「This is not Japanese train（日本の電車じゃないんだから）」と冗談を言われても、一生懸命に乗りこんだりします。エレベーターに乗っても、日本男性の九九パーセントは、スイッチのそばに立っているのに、「何階ですか？」と聞くことをしません。

一般に、公共の場で日本人は他人に親切ではないようです。私が以前講演で神戸に出掛けて、新神戸駅で荷物を持って一人で立っていた時、駆け寄って助けてくれたのは、アメリカの若い青年でした。日本の若い人は近くを通っても知らんふりをしていました。おそらくそれは、日本人のはにかみから来ていると思うのですが、その恥ずかしがりやの日本人が、集団になるとがぜん行儀が悪く、騒がしくなるのは困ったことです。個人の時の性質と集団になった時の性質が、百八十度転換してしまうのです。

東南アジアの人々は特にこの日本人の性質を恐れています。ガイドの旗に率いられて観光に現われる日本人旅行者が、いつも集団で行動し、食事やショッピングの時にも他の客を顧みないで騒ぎ、時には集団で買春さえするので、そのあまりの行儀の悪さに、現地の人の中には「日本人は、やがてまた、かつてのように鉄砲を担いでやって来るのではないか」と言う人もいるほどです。

日本の男性は女性への対応に不慣れで、滑らかなしゃれた会話ができる人があまりいません。昼間からジョークなど飛ばすとふまじめとでも信じているのか、およそ魅力がないのです。夜間飲みにでると、がらりと変わって面白味の出る人がいるのに。いっそ昼間から一杯飲んだらどんなものかと忠告したくなるほどです。

その点、中国は政治や国家権力も信ぜず何千年も過ごしてきて、信頼に足るのは人間関係だけだったので、つきあいのほうは実によく発達しています。周囲の人々の動向と心情にセンシティブに反応することが絶対に必要なため、中国には中国特有の人間心理の解読、人間の心の動きの操作に関する学問があります。「君子の交わりは淡きこと水の如し」などはその一つです。今、日本人に要求されることは円転滑脱のまるみを持ち、機敏に相手の心をとらえる勘を養うことです。忙しくてそんなこと練習していられるかなどと言わないでいただきたい。国家の存亡がかかっているのですから。

「淡きこと水の如し」は社交術の最高の状態です。ここに達しないまでも、誠意は必ず通じます。自分がその人の立場になってみたらよいのです。まず苦虫を噛みつぶしたような表情から変えていただきたい。優しい表情をしたら何をつけ込まれるかわからないとばかり、仏頂面したのでは、四十歳になっても好男子にはなることはできません。男性の第二の人生は四十一歳から始まるのです。

人と会う前には

多忙な人を訪問する時は前もって連絡、アポイントメントを取るのは常識ですが、日本からの来訪だったら、スケジュールが決まり次第できるだけ早くに、何日頃うかがうからと便りをよこすべきです。到着後、いきなり電話をかけてきて、「二日間しか滞在しないのだがぜひ会いたい。ご相談したいことがある」と言ってくる日本人がよくいます。無理に都合をつけて会ってみると、別に私でなくても足りる用事なので、まあ私に会いたかったのであろうと、この紹介状の持ち主に好意を持ってあげることにしていますが、これが首相や何々大臣に会わしてほしいということになるとまったく困ってしまいます。

そしてまた、私に面会した時と同じように、なんとなくご挨拶だけというのだったらなおのこと困ります。みな実際に忙しいのですし、時間があったら本当は居眠りでもしたいところなのです。ましてや一国の首相、大臣は多忙を極めます。よくよく用事がなかったら面会を求めるべきではありません。手紙で済ませるべきです。そして、面会する時はその人に対する一応の予備知識をもっておくべきです。くだらないことを聞いたり言ったりするのも、必ず日本人です。忙しい人に会ったら、くどくどと挨拶を述べ立てないで、すぐに用件を切り出し、短時間で用事を済ませるようにしていただきたい。

政府の許可をお願いに上がる時に、お供していつも感じるのですが、日本人は話の要領が悪い人が多いのも困ったことです。相手にはそんな広範な知識は用意されていないのですから、映像のビデオ、ポイントを簡潔に書いたレジュメ、カタログ、写真、日本における事業内容、成績、シンガポールにおける事業計画書、シンガポールで現地に貢献できるＡＢＣを一目で了解できるような資料をまとめて乗りこむべきです。

そして、葬式のお悔やみを言いに現われたような調子はやめること。いきいきといかに自分がこの事業の発展を希望しているかを心を込めて語らなければいけません。相手を説き伏せる時には、相手に明るい将来と誠意を裏づけて示さねばなりません。理屈好きの若い役人は、冷たい態度で許可申請者を迎えるのが通例です。サラリーのためでなく、国のために働いているのです。シンガポールの場合は、その上、一日何十人という人たちに会っています。相手はこの人をどの程度の人物かぐらいは、感じでわかっているから、会社の中でも話の運びの上手な人が出頭すべきです。

ところが英語の上手な人が少ないのでまた困ります。東南アジアの人は他国の言葉を話す才に長けています。日本人が、あれほど優秀な日本人が、どうして英語ぐらいが話せないのか理解できないようです。いつだったかも、地元の新聞で、日本人は英語を習おうとしないのではないかと書いてありました。そんなことはないと思うのですが、そう言われないためにも、一億こぞって練習してほしい。互いに、ぜんぜん育ちの違う人と話すのは楽しいものです。

郷に入っては郷に従え

東南アジアで一番嫌われるのは、アメリカ人と、残念なことに日本人です。それは、自分たちの考えが絶対に正しいと信じこみ、現地の人々にその考えを押しつけるからです。

日本人は東南アジアでこの地域の米がまずいのを非難して嘆きます。ご飯だけが楽しみなのにと。若い人まで同じことをのたまいます。日本人を除く他のアジア人はみな毎日日本で「外米」と呼ばれる米を食べているのです。死にはしません。ここにも日本人の柔軟性のなさが露呈されています。もちろん、三度三度のご飯がポソポソだとなんとも悲しいことは、食欲を失ってしまった経験がある私にはよくわかります。毎日チャーハンもつらいことです。

しかし、「入其国者　従其俗」（郷に入っては郷に従え）です。その土地に行ったら習慣は常識として会得しなければいけないし、本当は食事のほうも、長年の経験で、天がその地に配慮したものをいただいたほうが健康のためによいのです。ちょうど日本でも、夏になれば夏の野菜が出回ります。魚でも季節のもののほうが栄養があります。夏バテを避けるために、土用の丑の日に皆してうなぎを食べるという具合に。

南方でスパイスの効いた料理が多いのは、暑いので胃に適当な刺激を与えるためです。お茶づけだの煮つけばかりだとスタミナがなくなるからです。エアコンが常時利いているので、外が暑いのとあいまって、日本人には風邪をひく人が多いのですが、これも現地の食事をしていればある程度避けることができます。特に中国料理には健康を保つために考え出されている料理がたくさんあるので、これに切り替えたほうが身体のためによいこと請け合いです。油で炒めた料理が多い時は日本の米は胃にもたれるので、外国米を食べたほうが胃のためにはよいのです。米がまずいのどうのと言うべきではありません。アフリカをはじめ、多くの国で食糧が不足し、餓死している人もいるのです。国際人たるもの、こんなことも頭に入れてほしいものです。テレビで大食い競争を放送するなんて、日本にはそうした配慮が欠けています。いよいよだめだったらパン食に切り替えたらよろしい。他の穀物を摂るのは健康のためにもよいでしょう。まずいまずいと歌に歌ってもおいしくはならないのですし、現地の人々は、日本人というのはただ不思議な人たちだと思うだけです。生まれた時からその味しか知らなければ、その味があたりまえで、日本人がなぜまずいと考えるかわかりません。日本米を嫌いな東南アジアの人もたくさんいるのです。

私の子供たちが十五、六歳になった時、父親の祖国を見せておきたいと思って、子供を伴い、中国大陸に社会勉強に行ったことがあります。その時に、私の子供たちは中国人の飲んでいる清涼飲料水が飲めませんでした。コカ・コーラで育ったような子供たちはコカ・コーラが口に合って、甘みの強いシロップはまずいのです。「よくこんなまずいもの、おいしそうに飲んでいますね」と子供たちが言うので、「他の味を知らなければ、清涼飲料水はこんな味だと思っているのだから」と説明しても、ピンときませんでした。

ちなみに、次男はうなぎの他は日本料理をあまり好みません。中国人の阿媽《アーマ》（メイドさん）が作った食事で育ったせいだと思います。日本人のコックさんがわが家で料理をしてくれていた頃育った長男と長女は和食党です。何事も習慣なのです。もちろん好き嫌い、うまいまずいは何についてでもあり、万人一致するところですが……。

私はドイツ人がおいしいと考えるタルタルステーキは、何回試しても口に入れたとたんに吐き気をもよおしてしまいます。日本人がおいしいと思うとろろ芋を、月見にして食べられる外国人を私はいまだに知りません。気持ちが悪いそうです。私は佃煮も干菓子も好みません。母親が嫌いだったためかもしれません。今は中国料理が一番おいしい料理だと信じています。特に家庭料理の種類はおいしい。ビルマ、マレーなどの料理もとてもおいしい。日本食なしで何ヵ月でも暮らせます。

短期間で食生活の嗜好まで変えるのは大変でしょうが、努力していただきたいと思います。南方では果物は豊富ですから、この量を増やせば美容のほうにも、容姿のほうにもよいと思います。ちなみに中国米にも、上海米のように日本米に近いのがあるし、カリフォルニア米に酒を振って炊いたりしてみても悪くありません。困ったら試してみてください。

オイコラ式はいただけない

東南アジアで見かける日本人に不思議な思いを抱くことがあります。それは、ヨーロッパの人々には一生懸命、冷や汗をかいてまで正しい英語を駆使しようとする日本人が、なぜ現地の人々にはぞんざいな英語を使うのかということです。英語にも敬語にあたる表現があるのに、現地の人々にはオイコラ式の英語で平気で話し、一向気にもとめない。

これが大学卒の日本人のすることだから、現地の人々はまったく面くらってしまいます。フィリピンを除いた東南アジアの国々では、大学なんて一国に一つか二つしかないから、大学卒といえばエリート中のエリートのはずだと思うのです。

「日本の人、おかしいですね」とわが家のメイドが言っていました。彼女たちは大学などもちろん出ていませんが、三、四ヵ国語はペラペラです。私は日本人を弁護したくて、「人間には左脳と右脳があって……」などとあわてて説明をしかけたのですが、なんとも要領を得ません。自分でもわけがわからなくなってしまうのでした。

ほんとになぜでしょう。日本の英語教育が間違っているのでしょうか。それに、概して欧米信仰が強いがゆえに、現地の人々に対する蔑視が心の底に根づいているのでしょうか。このことを現地の人に説明するわけにもいかないので、うやむやにしてしまったのですが、考えなくてはならない問題ではあると思います。

箸を使えない日本のアルバイト青年

大手製鉄会社の子会社の部長が、友人の会社の営業部長と連れ立って、シンガポールに私を訪ねてきたことがあります。その時、十八歳の青年も一緒でした。この青年は、両氏の通訳で、夏休みのアルバイトをしているということでした。仕事が一段落した帰国の前日、食事を共にし、その青年と個人的な話をする機会を得ました。

そこで発見したのは、彼が満足に箸を使えないということでした。秋にはアメリカに留学するということなので、「アメリカに行く前に、箸の使い方の練習をしていらっしゃいね」と忠告し、さらに、日本の歴史や禅のこと、徳川家のことなども、簡単でいいから学んでおいてほしいとお願いしました。彼は素直な青年のようで、こっくりとうなずいていました。

欧米の友人から、「日本の学生は、ロンドンやニューヨークのことは自分たちよりよく知っているのに、肝心の日本のことをあまり知らない」と言われていたので、老婆心ながら忠告したのです。

たとえ、箸が満足に使えないからといって、その人の人格云々とまでは思いません。現に、私の家にも箸を使いたがらない人物がいました。亡くなった主人です。何を食べるにもフォークとナイフを使っていました。なぜ箸を使わないのかと聞けば、箸は文明の利器ではないからだそうです。私に言わせれば、箸ほど高度な文明の産物はありません。そのあたり、主人とは大いなる見解の相違があって、結婚当初はまだお互いにエネルギーに満ちていたので、この件でしばしば大論争をしたものでしたが、そのうち、私も論争に疲れて「どうぞお好きに」と見ないふりをしていたので、主人はお刺し身もフォークで食べていました。

主人の場合は、小さい時に親から行儀作法をやかましく言われすぎたために、正しく箸が使えるのに、親に反抗して西洋文明崇拝になり、箸は文明の利器ではないとして拒否していたのです。なにしろ、父親に「箸を使わないなら譲る財産を削る」と脅されても、断固反抗した強者なのです。こうなると、もう別格ですから、さすがの私もあきらめて放っておいたのです。しかし、そのアルバイトの青年の場合は明らかに修練不足です。箸の使い方を教えられていないのかもしれません。ですから、その青年には正しく箸を使ってほしいと願ったのです。アメリカへ留学するならなおさらのことです。一人ひとりが日本の文化を伝える担い手なのですから。

うぬぼれと思い上がり

「人の己を知らざるを患《うれ》えず、人を知らざるを患う」という言葉があります。

確かに、人間誰にでもうぬぼれはあるもの。でも私は、うぬぼれを否定しはしません。かわいくて善良なうぬぼれ、特に自分の容姿に関するものなど、あっても決して悪いことではないと思います。目が小さい、鼻が低い、ニキビが多い、背が低い、大根足……などということばかり気にしていたら、人前に出ることさえできなくなってしまうからです。

でも、これが度を過ぎると困りものです。自分のことを非常に美人ですとか秀才ですとか、すっかり過信してしまう人もあるからです。自己満足しているだけならかわいげもあるでしょうが、往々にしてこういう人々は、第三者がそれを認めてくれなくては気に入らないときています。その上、他人の長所や優秀な点にはジェラシーを感じるか、認めないかということが多い。こうなると、うぬぼれではなく思い上がりになってしまいます。

この問題は、こと個人に関してだけでなく、国と国との間にも見られます。国家間でも、互いの過小評価、過大評価はトラブルのもとです。個人の間でも、うぬぼれくらいはかわいいですが、思い上がりは身を危うくします。それが国レベルになればなおさらのこと。万が一、世界一などと思い上がろうものならすぐにたたかれてしまいます。

南方に暮らしていて、滞在している日本人にこのような思い上がりを見かけると、実に悲しい気持ちになってしまいます。例えば、日本のロボット保有台数が云々……なんていう自慢話がそうです。「そんなもの、たとえ全部自分の手で作ったとしても、それが何だと言うのか」と南方の住民が思っていることを、日本人は気づいていません。このような食い違いを、日本人は外交が下手だからなどということで済ましてよいものでしょうか。

酒の場こそ教養が表われる

酒を飲んで、酒に飲まれてしまわないようにしていただきたいものです。日本人は淡泊な食事が多い上、酒の味を損ねるという理由で食べ物をあがらずに、酒を飲む方が結構いらっしゃいます。これは胃のためにも悪いし、すぐに酔う原因となります。一番よいのは、自分の適量を知っていることなのですが、メートルが上がって楽しくなると、つい量を過ごしやすいのでしょう。

日本人はとかく、酔ったあげくの行動は大目に見る習慣があるので、それに甘えて、日頃やりたいと思っていても理性が許さなかった行為をやりだす人がままあるのは困ったことです。普段おとなしい人に特にその傾向があるようです。

うさ晴らしをしたり、けんかしたりしたい気持ちはわかりますが、酒を飲んだ上でなく、素面《しらふ》の時に堂々とやるように。男と生まれた甲斐はそこにあるのではないでしょうか。へべれけに酔ってくだを巻いている姿を見ると、百年の恋もいっぺんにさめてしまいます。

酔ってぜんぜんわからなかったというのは翌日のことで、酔っている最中は何をしゃべっているか、起きているか立っているか、わかっているのです。責任の持てないような状態には自分が望まないかぎりならないはずです。

中国では、酒に飲まれてしまうのを恥としているので、もう危ないと思ったら中座して帰るほうが賢明です。無理して頑張って居合わせる人々に迷惑をかけるより、そっと主人に耳打ちするか、書き置きを残して帰ったほうが礼儀にかなっています。あとは主人が上手に他の客に言い訳をしてくれます。欧米でも同じく、醜態を演じるより退席したほうが好感を持たれます。失礼した翌日は女主人にお詫びのカードと花を送っておけば、気の利いた方とまた招待していただけると思います。

英国人はオフィスの帰りのカクテルパーティーに出席する場合、トーストにバターをこってりつけたのを一枚口に入れてから出かけます。彼らはウイスキーを大量に飲むのが好きだからです。空腹にアルコールは回りが早いから胃壁をプロテクトするのです。

ディナーパーティーでは、食事にふさわしい話題でみなが楽しめる和気藹々《あいあい》の雰囲気をかもし出せるように。酒が入れば日本人はみないくらか社交家になるので、この辺は心配しませんが、日頃の教養がものをいう場所でもあるので、普段からの心掛けが大切です。宴たけなわ、歌を歌う段になったら、自信のない人はみなの知っている歌をみなで一緒に歌うと親密感を増します。軍歌は、さすがにもう歌う人はいなくなりましたが、絶対やめていただきたい。こんな機会をとらえて、日本人がいかに優雅でスマートな国民か、ぜひ披露してください。

国際社会に通用する礼儀

日本の男性によく見かけるのですが、くわえ煙草で口をきくのをやめにしていただきたい。くわえ煙草で歩くのもいけません。あれは育ちのよくない人のすることです。アメリカ映画によく出てくるように、くわえ煙草で口をきく時は、相手を軽蔑している心境を表わすか、不良とかギャングとかそんな類いの人がする仕草です。

動作で人柄はわかるものです。健康を危険にさらしてまでの行動なのですから、喫煙するなら優雅に、はたの目を楽しませるようにしてほしいものです。時々、灰の部分を長くして、見ているほうがはらはらすることがあります。灰皿を急いで探してそっと置いてあげても、ピンとこない鈍感な人もいます。

神経のピリピリしている男性も不愉快です。あんまり注文をつけると、「なにも、ミセス胡みたいな姥桜にもてなくともいいですよ。他に大勢若いのにもてるんだから」と言われそうですが、海外でも通用する男性になっていただきたいための苦言ですから、耳に入れておいてほしいのです。

それから足を組むなら、きちんと組んでいただきたい。片足の大腿部の上に片方の靴をのっけて、ふんぞり返っている男性をよく見かけます。人が現われても、それが上役でないかぎり姿勢を正さない。ヨーロッパでは、こんな男は育ちが悪いとして、社交界に入れてもらえないのですが、日本では男性にははたの目が厳しくない。行儀が悪くても、家庭に入りこんだ社交がないからまかり通るのです。

日本では通常、つきあいは料亭やホテルのレストランなどでなされ、ご家庭の主婦に「なんて行儀がわるい。この次から招くのはやめよう」などと弾圧されることがないので、日本国内では無事なのです。せいぜい奥さんに文句を言われるくらいでしょうが、それも家に少ししか居つかないから、馬の耳に念仏になっているようです。

戦後は日本の家庭で行儀作法のしつけがやかましくなくなったため、世界一礼儀正しい種族から一挙、大幅に転落してしまいました。悲しいことです。しかし、こんなことはわけなく回復できるはずです。ちょっとした心掛け次第です。自動車に人と同乗する作法、女性と乗る作法、レストランで、飛行機の中で、ホテルで、カクテルパーティーで、ディナーで。

仕事が忙しい上にいろいろ大変と思いますが、「おれは嫌だよ、疲れるよ」などと言わないで、せいぜい努力してみていただきたいのです。行儀がよくないと、人間が安っぽく見えてしまいます。言葉が通じない期間は、特に気骨が折れてもがんばっていただきたい。そしてお子さん方にそんな苦労をさせないように、生まれたその日から、行儀よくできるようにしつけてください。何も形ばかりが大切なのではありません。心と形だったら、心豊かな温かさのほうが大切です。かといって、人に不愉快な思いをさせるのも失礼なことです。

行儀のよい人に会うのはとても楽しいものです。その方の育ってきた生活環境の豊かさをしのび、その方の母上の優しさ、思いやりの深さをうかがい知ることができるような気がします。外国人でも同じです。日本人の折り目の正しさ、行儀のよさは、きっと言葉の通じ合わない者にも信頼感をよび起こすと思います。あの人たちなら、めちゃくちゃなことをするはずがないと。

無神経は国際人失格

髪を人前でくしけずるのも日本男性です。爪を切ったりする人もいます。仕事の話をしている最中にです。日本ではしないけれど、東南アジアだと思ってするのかどうかはよくわかりません。外国においては、よほど程度の低い人か軽薄な人でないと、オフィスや人前でそんなことをしないので、気をつけていただきたい。四、五十代の世代にそういう人が多いのは、昔と違って、親たちから人前でしていいことと悪いことの分別を教えてもらっていないせいかもしれません。

女性が食事の終了したあと、近しくない男性の前でコンパクトを出してパタパタしたり口紅をつけたりするのも御法度です。食事をしている人に手を出して握手を求めてもいけません。レストランでそういう光景をよく見かけます。相手が手を出したのならよいのですが、相手が女性である場合は、男のほうから先に手を出してはいけません。身分があれば身分の高いほうから先に手を出すよう。

用事があって女性がそばにやって来たら、腰掛けている男は立ち上がるように。日本の男は目上の男にはその礼を取りますが、女性の時はどっかりと座り込み、女性を見上げる形でそっくり返って話す態度をとる人たちがいます。その場合でもニコニコすればまだ救われるのですが、無愛想なことが多い。丁寧な態度と無愛想ということが違うのはおわかりのはず。もし東洋人が世界をリードする時代がきたら、中国人にリードされたほうが、日本人にリードされるよりましだというのは、西洋人の一般的考えのようです。

紳士の数が中国人に多いというより、中国人のほうがあたりが柔らかく、「何か私にできますか」という態度にすぐ出られるのに対して、日本人は心が冷たいと思われるのは、心の裏付けがないような雰囲気があるからなのです。余韻がないと言うか、チリンチリンと心の鈴の音がこちらに伝わらない。心の豊かさがあふれないのです。

世界中を敵に回すかどうかがかかっている問題です。小さいことからどんどん改めていただきたい。秩序を守る、礼儀正しい、ニコニコ紳士の集団だったら、「中国人より日本人にリードされてもいいわ」に変えることだってできると思います。

リラックスした会話から生まれる人間関係

生活の中に、もっと楽しい明るい冗談を言い交わす状態を取り入れなければいけないと思います。日本人は「頭が固い」と外国人から言われるのは、他にも種々の原因があるでしょうが、この冗談をさっと受けとめ、さらにしゃれた返答がすぐできないということにも原因があるからです。

外国人と話していて楽しいのは、彼らが冗談を会話に盛り込み、反応もすみやかだからです。日本人は、生活を楽しむためにはお金がないと、と考えている人が多いですが、生活はお茶一杯なくとも人と話すだけで楽しめます。もし、明るい愉快な人が大勢日本に存在したら、と思うだけでも楽しいことです。日本人はまじめな態度というのをはき違えている向きがあります。学校の先生も冗談を言って楽しい授業時間をつくり、生徒たちを十代から訓練しなければいけません。家庭でも両親が実践してみせることです。

こんなことがありました。レストランで注文した魚がなかなか来ないのです。他の人は日本流に遠慮して、私の料理が運ばれるまで食事を始めようとしません。それで私はウェートレスを手招きし、「どこまでお魚釣りに行ったの」と聞きました。彼女は私の言った冗談がわからなかったとみえ、それを受けた支配人が飛んできて、「何か粗相でもございましたか」と聞きます。私のほうが相手の様子に困り、「いえね、注文のお魚がなかなか来ないから、今釣っているの？と聞いただけなのよ」と説明せねばなりませんでした。

これでは冗談が冗談にならないのです。この時、このウェートレスが「はい、すみません。奥様に新鮮なのを召し上がっていただこうと思いまして、生け捕っております。もう少しお待ちいただけますか」とかなんとか言ってくれると、世の中は楽しいのですが、わびる際でも、誠意を尽くして明るくお願いしたい。

日本人はもっぱら恐縮して、平謝りに謝れば、相手も満足して「仕方がない」になるようですが、外国人と交際する場合は、この種の日本流はすべて通用しないということを覚えておいてください。通用するのは、明るい、筋の通った誠意です。

相手をいち早くスタディしなければいけません。話している最中、返ってくる言葉を分析すれば、どの程度で、どんなふうに話を運べばよいかわかるはずです。若い人には無理かもしれませんが、注意して毎日を過ごせばわけなくマスターできます。これは一生必要な大切なクォリティーだから、時間をかけてじっくり身につけてほしいと思います。

ずいぶん前に、東京の日比谷で、二百メートルくらいのところを日本の友だちとタクシーに乗った時のことです。近距離だったので断わられないように、乗りこんでから「まっすぐにお願いします」と言って、走り始めてから「すみません、宝塚のところで降ろしてください」と言いました。すると運転手が「お嬢さん方、そういう時には、『許されて』と言ってくださいよ」と答えました。私たちは一斉に、「許されて。運転手さん。疲れちゃったものだから。おかげで助かったわ」と言うと、彼はうれしそうに料金を受け取りました。私の二人の日本の友だちも、波長の合う人たちだから、皆なごやかに車を降りることができました。

この言葉は故林家三平さんが流行させたものとあとで知りましたが、世の中は、このように言葉づかい一つでずいぶんなごやかさを増すのです。日本語で練習を積んでも、英語になった時うまくいくかなんていうことまで心配しないで、まず日本語で始めてみることです。

互いに笑顔を交わす。知らない同士でも、「おはよう」「こんにちは」を言い交わすとよいと思います。日本の女性が、諸外国に好感をもって迎えられるのは、このニコリが大いにものをいっているのです。フレンドリーな雰囲気を漂わすのは悪いことではありません。そして、スマートな、明るい会話法を会得することが重要です。

ニコニコしてください

かなり前、私は、インドネシアに嫁いだある日本婦人から、どう努めても現地の人々から悪く言われるという悩みの相談を受けたことがありました。その時、彼女は「立っても座っても悪く言われるの。だから私はもう弁解しないし、どうでもよいのだけど」と語ったので、私は「そんな気持ちは捨てなければいけない。一生懸命にあなたがそんな女性でないことを知らせなければ……。あなたのお子さんのためにも、投げやりはいけない。謙虚に振る舞うこと、私が、をやめて、自然に優しくすること」などと話しました。

このように、現地の人が自分を妬《ねた》んでいるようだなどと考えてはいけません。また、「出る杭は打たれる」で、現地では「私が私が」式もよくありません。よく反省して努めなければいけないと思います。なにしろ、日本には戦争中にひどいことをしたという前科があるのです。日本人のすることなすことを戦前のことと重ね合わせて、「ではないか」と色眼鏡で見ているわけで、東南アジアにいる日本人は、姑、小姑を千匹（？）以上かかえていると思っていれば間違いありません。

まず無愛想な顔つきをやめましょう。皆さんにっこりしてください。精神衛生のためにもよいと思います。笑顔になると、女だけでなく、男だって魅力が増すこと請け合いです。私は、日本の役所や会社に入っていくのはあまり好みません。一斉に「この女、何者だ」という顔で睨まれるからです。その点、外国の方はいい。「いらっしゃい」という目付きがあり、温かみが感じられる。中国の男性もあたりがいい。どうして日本の男性は目付きがぎこちないのでしょうか。

「男女七歳にして席を同じうせず」の教えがどこかに残っていて、慣れていないという弁解がありますが、この教えは、隣国の中国から来たものです。それなのに発想元のほうは消化してしまい、日本のほうはどこか途中に詰まっている感じがします。「昼間からニヤニヤしていられるか」と言われそうですが、ニヤニヤとニコニコは違います。念のため。皆さんのお子さんたちによい国を残してあげたいなら、ニコニコぐらいわけないことではないですか。ニコニコすると自然に親切な情の深い感じのよい人になること必定です。世界の人から、日本の人たちってよい人たちの集団だと思われるようにしていただきたい。姑、小姑なら別れる手もあるが、世界から孤立して存在することはできないのですから、世界の人と仲よくやっていけるように、人相を変えなければなりません。男性はニコニコしていること。女性はケタケタ笑うのをやめてください。目元涼しくだけでよいのです。

日本の女性には、ご主人が偉いからといって、ご主人の会社名を出して「どこどこの何々です」と言って挨拶する令夫人たちが結構いますが、ご自分まで偉いのではないのですから、奥方はそんな肩書をつけなくてもよいと思います。少なからず滑稽な感じがします。自分一人で立って、立派な女性に見えなければいけないのです。上流に属する必要はありません。男女とも上等な人になっていただきたいと思います。

魅力的な人づくり

東南アジアには、GDP第二位の陣羽織をはおって、肩をいからせて生活している三十代、四十代の日本男性が結構います。国内にいると、「まさかそんなこと」と、信じがたいと思いますが、国内では上役がたくさんいるので、まだそれほどでもなかったのです。それがこの南方に来たとたん、熱病にやられたのか、張り切りすぎてか、大日本超大国代表になり上がるのです。

中国人に自分の会社の偉大さを語り、「We are rich, Big」とピジョン・イングリシュ（文法無視の英語）を振りまき、過保護育ち丸出しで、人がよいのはわかるのですが、中国人たちは「帝国軍人の再来」と戦々兢々《きょうきょう》、恐る恐る私に言いつけにきました。

この中の一人は幸い任期終了して帰国しましたが、こんな青年を育てた家庭は大いに責任があると思います。こんな男性は外国向きでないので、ぜひ会社側の人事部で取り締まっていただきたい。本社でもてあまして、発展途上国に左遷なんてのは絶対に困ります。本社はせいせいするかもしれませんが、現地の同僚をはじめ、他の日本人も、はなはだ迷惑です。こんな日本男子でも、外地に出れば日本代表なのです。

人材不足の会社は海外進出を見合わせて、人材の養成教育ができるまで手を拡げるのをひかえていただきたいものです。日本のためにも、他の立派にやっている日本の会社のためにも。また子供さんたちにも、東南アジアの人たちを軽視する言動はさせないように教育していただきたい。現地に到着したら、地元の子供のよき友だちになるように。日本を紹介し、他国のことを学び、一人ひとりが日本を代表しているのだから、しっかりとはき違えないように行動してほしいと思います。

ビューティフルマンの条件

シンガポール駐在のアメリカ陸軍参事官の夕食会に呼ばれた時のことです。各国大使館員をはじめ、タス通信特派員、ニューヨーク・タイムズ、フォーチュンなどの記者も交えて、四十人以上の集まりでした。日本人は誰も参加していなかったので、ホステスの参事官夫人に、なぜ日本人を呼ばなかったのかと聞いたところ、「日本人はあなたに代表してもらいたい。日本人はお呼びしても黙って何も話さないから、私も気が疲れるし、呼んでよかったのか悪かったのかわからないから」と言われました。

夕食をいただきながら、折から問題になっていたアメリカの政治スキャンダルの話になって、みな「これは自分の意見ですが（各国各社を代表しないで）」と断わって、それぞれの意見を述べられました。その頃、英国のコールガールのスキャンダルも問題になっていたのですが、英国人は「自分たちのほうが人間味のある事件でよかった」などと冗談を言ってみなを笑わせました。

私が「英国女性に美女傾国型が多いのではないですか」と言うと、それからひとしきり女性の話になり、日本の女性はやはり魅力がないということになってしまいました。美しい人はいるかもしれないけれど、チャーミングな人がいないというのです。フランスでも、知性があり魅力がある女性になることが大切で、美しいだけでは第一級に位しません。男性でもそうです。ハンサムの必要はないのです。魅力ある男はその内容、動作、行動で決まります。ビューティフルマンは中身も伴っていなければビューティフルではないのです。

相当長く外地にいるという日本男性でも、拝見していると、堂々たる風格、しゃれた感じがなかなかにじみ出ていないのはどうしたことでしょう。風格あるスマートな日本男性が出現するにはあと何年くらいかかるのでしょうか。今の若者は形だけはなんとかできましたが、中身がぜんぜんなっていないから国際的にはやはり見劣りがするのです。

本当に外国でコーヒー一つ注文できない人がいます。「コーヒー　プリーズ」だっていいのに、恥ずかしがって全部人まかせにしている。そうかと思いますと、暑いのにネクタイをしめてスーツをきちんと着ているので、「そんなにしゃちほこばらなくてもいいのに」と言ってあげると、今度はTシャツスタイルになってしまう。ウイークエンドの着物、夜のパーティーに招かれた時の着物など、どこに、誰と一緒で、どんなオケージョン（機会）かということを、みなよくわきまえて、着替えてください。わからなかったら聞けばよいのですが、常にオーバードレスのほうが失礼にならなくてよいことは確かです。私はスイスの年配の夫妻に礼を言われたことがあります。「いつもきちんとしたドレスを着ておられるので、私たちはあなたに会うのを大変に楽しみにしています。私どもに尊敬を払ってくださる表現だと思っております」と。

値段の高い物、外国品が必ずしも礼儀にかなった服装とは限りません。自分の目を養い、自分が一番楽な、自然な姿を上品にかもし出せる服装をすることが大切です。日本には時々良心的でないテーラーが存在して、流行だからと言って、当人には似合いもしない服地だの洋服だのを売りつける人がいます。洋服店のほうは商売だから、お買いなさいとさえずるのはあたりまえなのですから、買うほうが一刻も早く、自分のスタイル、色を見つけることです。趣味のよいことで世界ベストテンに入るあるイタリアの公爵夫人が、「もし自分が自分に一番似合う形と色を見つけたら、私はそれを何枚も作って制服のように着ます」と言われました。これがおしゃれの真髄だと思います。

中身のほうは月日がかかりますが、まずできることから始めてください。内地で、日本人の外地での行動の悪さを時々たたかれるせいか、最近とみに外地にいる日本男性がおとなしくなってしまいました。おとなしくなったのはよいのですが、生気もなくなってしまったのでは困ります。「いきいきとスマートに」が肝要です。

第五章　私が歩んだ人生

真綿の首巻きがトレードマーク

一九二七年（昭和二年）に東京で生まれた私は、月足らずで未熟児だったためか、三歳で小児結核を患うなど、病気の問屋のような状態で幼い日々を過ごしました。両親はそんな私を大切に育て、食事は常にいわゆる滋養食、栄養食とされるものを、片端から食べろと言われ続ける毎日でした。胃は丈夫だったために食べればおなかには納まるし、口に入れさえすれば母の機嫌がよいこともあって、とにかく食べたようです。うなぎととんかつが好きで、今、子供たちがこの二つを好むのを見ると、彼らが幼い頃、私が始終食べさせていたのかもしれないと思いあたります。

なんとか健康にという両親の願いは、食べるものだけではありませんでした。夏は海辺や高原への避暑に、冬は雪山。肝油を飲み、太陽にあたるという生活を私に強いました。どこかに名医があると聞けば、両親は千里の道ものかはと訪ねていきます。私自身にはさして生きたいという欲があったわけではないと思いますが、生来素直なたちらしく、おとなしく「はい」とそれらのすべてを受け入れていました。

小学校は番町小学校に通いました。小学校に通うようになっても病弱は相変わらずで、骨と皮だけのような身体でした。教科書と石板《せきばん》を持っての往復に耐えられないということで、学校と家の両方に備える仕末でした。真夏を除いて年中真綿の首巻きをしていたので、当時の学友は今でも、私の名には覚えがなくとも、「首巻きをしていた子」で思い出してくれるほどです。

両親がこれほどまでに私を丈夫にすることに努力したのは、私が生まれた時、すでに姉を亡くしていたためでした。しかし、そのような親の慈愛が本当によくわかったのは、自分の子を持ってからです。子を持って知る親の恩とは、よくぞ言ったりです。

私は料理を作ることも食べることも好きで、人様に教えようかとさえ思うくらいですが、それも幼い頃のこのような体験と決して無縁ではないと思います。

西村先生から学んだこと

小学校を終える時、私は父の希望で府立第二高等女学校を受けました。当の私はだめだと思っているのに、父が「これからは女性も学問を身につけ、自分独りでも生きていける力をつけるべきだ」と言って、どうしてもと頑張ったのです。そして案の定試験に落ち、これも父が決めて西村伊作先生が指導していた文化学院に入学しました。

文化学院には、毎日好きなドレスを着、リボンをつけて通い、熱心に勉強しました。西村先生には西洋流の考えを教えていただきました。

途中で戦争が起こって、あまり学校へは行けなくなりましたが、わずかな間でも西村先生のもとで勉強できたことを、私はとても幸福なことであったと思っています。先生は自由ということを教えてくださいました。個人の意見を持つこと、愛情ということ、友だちについて、人生について、美とは、等々。それはそれは、たくさんのことを教えてくださいました。

母は、この西洋流の教育をとても嫌っていました。アメリカの女をつくろうとしているというのです。そして、母はよく西村先生に電話をかけて叱られていました。母は「学校でそんなふうに教えるから娘が口答えして困る」とか、「アメリカ的な教え方をするから（その頃アメリカは敵国）行儀が悪くなって困る」などと苦情を言います。すると、西村先生いわく、「行儀などということは母親の責任です。何でも親の言うことを鵜呑みにする子がよい子とは限らない」。そして、先生は、特高からひっぱられるまで英語、フランス語の教育を続けられました。私はそれを立派なことだったと尊敬しています。圧力にも屈せず、自分の意志を通そうとなされた。それもあくまでも静の力で。先生は暴力をとても嫌っておられました。

私は先生が教えてくださった西洋流の自由を愉快なことだと享受し、自分の意思を持つ女になりました。先生のおかげで、英語、フランス語も身につきました。後年、私が長く外国生活を続け、異国人との生活に耐えてこられた精神の芽は、すでにこの時、でき上がっていたのだと思います。

父親の思い出

家では父の影響下に育ちました。父はよくこんな話をしてくれたものです。

日本人は数字を並べて話を進めてゆくことが下手な国民だから、外国人と論争に入った時に、相手に理解納得させることに手間取る。また三段論法というのを習っておかなければいけない。共産主義者はこの下地ができているから議論に強い……等々。

私はその頃十二歳ぐらいで、父に言われた言葉の内容をよく理解することができませんでした。しかし、父は、自分が若くして死ななければならないのを知っていたのかどうか、幼い時から私をそばにひきつけて、「今はわからなくても、そのうちわかる日が来るから、よく覚えておきなさい」と言って、いろいろな話を聞かせてくれました。

父は、日本軍が一九三七年（昭和十二年）に盧溝橋事件を起こした頃から、政府に不満を持っていたようでした。そのはけ口を父は私に求めていたのでしょうか。あるいは、男の子が遅く生まれたため、間に合わないと考えて、私に自分の意志を継がせようとしたのか。とにかく、私は小さい時から、わけのよくわからない人生論だの何だのと、父の聞き役を務めさせられました。数学に弱い私はよく叱られ、夏休みは毎朝、父が会社に出る前に数学の復習があり、私はあまりうれしくありませんでした。

私は父の秘密の片棒担ぎでもありました。父は遊び人で、外には女性もいました。父が遊び歩く時、私はお供させられ、その女性に会ったこともあります。そんなにきれいな人だとは思いませんでしたが、たぶん玄人筋の女性で、とても粋な人ではありました。私はそのことを母に言いませんでした。子供心に言ってはいけないと思ったからです。

母はとても美しい人で、文学が好きでした。子供が好みそうな童話などよりも、トルストイの『戦争と平和』やデュマの『モンテ−クリスト伯』などの物語を聞かせてくれたものです。私には、こんな美しい妻がいるのに、外に女性をつくる父の気持ちがわからなかったのですが、父は女性も独立して生きるべきだという考えの持ち主だったので、良くも悪くも良妻賢母の典型のような母が物足りなかったのかもしれません。そんな父の気持ちが今になると少しは理解できます。ともかく、私は父のよき仲間でもあったことは確かです。

後年、私が十九歳で中国人と結婚すると言った時、「曉子を結婚する女のように育てた覚えはない。美しい女が独りで戦えるように教育してある」と父にどなられました。私は何のことやらわからず、その時もなんと乱暴なことを言われるのかしらと驚いて、「もう会いたくない」と勘当を言い渡されたのをさいわい、仲間関係を終了し、その後、父の死に目にも会えずに終わってしまいました。しかし、私は困難に直面した時に、常に「お父さん、あなただったらどうしますか」と、虚空に向かって問うことにしています。教わっていたこと全部を覚えていないのが、とても残念です。

どうか世のお父さん方、ご多忙でしょうが、子供さんたちに自分の思想や信念や経験を、そして自分たちの世界における役割などについても、話してあげておいてください。週に二日の休みがあるのなら、一日は家にいて子供さんの話し相手になってあげてください。こんな小さい子にはわからないと思わずに。子供の物語の中にも、将来役に立つ意味合いを含んだことがたくさんあります。子供さんとよい仲間になってあげてください。子供さんが人生の荒波を正しく乗り切ることができるように。

子供の精神の糧も肉体の糧も、ともに親があげるべきものです。もしかすると、あなたの明日はないかもしれないのだから、きょうからすぐ、あなたの愛する子供さんの役に立つ存在になってあげてください。子供さんたちは、きょうわからなくとも、やがて大人になり、お父さんのおっしゃったのはこのことだなと懐かしく思い出されるでしょうから。

疎開先で覚えた家事

文化学院に通っていた頃、戦争が始まり、だんだんに形勢がおかしくなってきました。そこでやむなく疎開する羽目になり、初めは山中湖に疎開したのですが、次に松本市郊外の浅間温泉にある「よしの屋」という旅館に落ち着きました。ここは父の友人の旅館でしたが、戦争が激しくなったために宿泊客もいませんでした。そこに、私たち姉弟三人が八畳間を三間いただき陣取ったのです。

旅館のご主人からは、「特別扱いはいたしませんから」と宣言されていました。もちろん女中さんがいるわけでもありません。そこで、旅館の夫人の協力と手ほどきを仰ぎながら、炊事から掃除、洗濯まで何でもこなし、ほどなく手ほどきも必要なくなりました。生まれて初めてこれらを独りでこなせるようになったのです。

朝はまだ薄暗いうちに起き、薪でご飯を炊き、炭でお味噌汁を作る。これに、前日作った煮物で朝食を妹と弟に食べさせる。学校に送りだしてから、三つの八畳間の掃除、そして湯船を洗うお手伝いをする。この湯船は二十人は入れる大きなもので、三日に一度、湯を落としていました。

この時期は、不平は言わず、言ってみたところで聞いてくれる人もいず、一日一日をどうにか過ごしていくのに精一杯でした。せめて心楽しく過ごしたいものと、買い出しに楽しみを見いだしていました。時には学校から帰った妹と弟を連れ、裏山に松ぼっくりを拾いにいったりする毎日です。蛇に出会って肝を冷やしたりしたものの、こんなできごとでも何もないよりましという時期なのでした。

朝には、旅館のご主人のご長男とともに、ご主人の講義を聞かされたこともあります。後年、松本より訪れた知人に、「あの時聞かされた講義は、なんだかマルクス・レーニンのにおいがしていましたが」と話したところ、ご主人は原文でそれを読んだ、日本でも数少ない学のある方であることを知らされました。

人生とは面白いものです。望むと望まざるとにかかわらず、何かに操られて敷かれた路線を歩かされる。戦争がなかったら、私は、ドイツかぶれの父に、きっとドイツに留学させられ、あげくはドイツ人と結婚していたかもしれない。明日何が起こるやも知れぬ人生の妙をつくづくと思うのです。

なぜ中国人と結婚したか

私は二度結婚しています。相手はどちらも中国人でした。そのため、「なぜ日本人に嫁がなかったのか」としばしば問われるのですが、問われるたびに、私は戦争中のある光景を思い浮かべます。

当時、父は軍に石鹸を納めていました。その関係で、麻布の第八聯隊《れんたい》の部隊長と親しかった父のお伴で、よく昼食にお招《よ》ばれしたのですが、この時、日本の男の野蛮さを垣間見てしまったのです。罰と称して新兵さんをベッドの下に閉じこめたり、また食事の際には犬のようにお皿に口をじかにつけて食べる男たち。新兵を倒れるまで駆けさせる、どなり声に満ちていた練兵場……。子供心に深く焼きつきました。

これ以外にも、忘れられない光景があります。それは山中湖に疎開していた時のことでした。二週間に一度、東京で両親が集めておいてくれた食料品を疎開先まで持ち帰る途中、大月から富士吉田まで電車に乗るのですが、この車内に一人でも将校が乗ってくると、全員起立でした。腰の曲がったおばあさんも幼い子も、その例外ではないのです。なんてひどいことをと、そのたびに思ったものでした。

また松本に疎開していた頃には、かの地は神風特攻隊の出陣一週間前の慰安の地であったのですが、茶色い飛行服に白いマフラーの若い鷲たちが、真っ昼間から酔っ払って町を闊歩するのを見たのです。当時の私は、これから死に向かう彼らの心情をうかがい知れる年齢ではなかったので、ただ、ばからしい、けがらわしいと思うばかりでした。

これらの光景が私に、「こんな日本の男たちのところに、嫁になんか行ってやるものか」と心に決めさせたのでした。

これが下地となり、終戦後、香港からやって来たバイヤーで、ピアノとヴァイオリンに長けた中国人と、勘当の憂き目にあってまで、銀座の教会で結婚式を挙げたのでした。私は十九歳、夫は十五歳年上の三十四歳でした。二人で東京のホテルに居住し、バスルームでうなぎを焼いて隣室のアメリカ人にどなられたのも、今では楽しい思い出です。

この夫は、お金は入ってくるわ、仕事が活発になって面白いわで、接待に明け暮れるようになったあげく、妻や子供を放ったらかしにし始めました。その上、育った環境の差が日毎に目につくようになりました。そう思いつつも、三人の子をなしたのだから、子供たちが成長すればどうにかなるだろうと、しばらくは耐えていました。しかし、ついに十一年目にして離婚に踏み切ったのでした。

私自身は、父が遊び人だったために、父と母とに心の交流もない、冷え冷えとした家庭に育ちました。ですから、せめて自分は理想的な家庭を築きたいと願っていたのです。前の主人は、ものわかりがよく、音楽に秀で、運動神経も発達した「よか男」と思い、父に勘当されてまで一緒になったのですが、ともに暮らしていくと、十五歳も年の差がありながら、やんちゃ坊主で仕末におえませんでした。欠点は双方にあるでしょうが、どうしても波長が合わないのです。

あまり悲しい日々が続いた折、思いあまって五歳の長男に「一緒に死のうか」と言ったところ、「ぼくは死にたくない」と言われて思いとどまったことは、今でも忘れることができません。

なぜ再び中国人と結婚したか

私が三十二歳の時、胡一虎との再婚を決めたのは、彼に惚れこんだからではありません。出会いがフランス船の中だったため、私の周囲の人たちはどんな大恋愛があって結ばれたかと想像するらしいのですが、特別のロマンスがあったわけではないのです。

フランス船に乗りこんだのも、華僑に嫁し日本に里帰りしていた友人が、たまたまシンガポールの自分の家にしばらく寄宿することを勧めてくれたからでした。もともと私は船が好きではありませんでした。

最初の結婚に破れてから、プロポーズしてくれた男性は五人いました。その中で胡一虎を選んだのは、彼が中国人だったからです。なぜなら、最初の夫である子供たちの父親も中国人だったわけですが、破局の原因は中国の人と合わなかったのではなく、男と女としてこれ以上生活を続けることができなかったからだということを、子供たちにわかってもらいたかったのです。彼らは日本人と中国人とのハーフです。民族の違いが両親の別れた理由だと思わせるわけにはいきませんでした。将来、そのことでどのような苦労に直面するかもしれないからです。その時、劣等感を抱かせたくはなかったのです。それが五人の中から胡一虎を選んだ理由でした。

胡一虎という人

塗り薬「タイガーバーム」で世界に広く知られ、飛ぶ鳥も落とす勢いだった胡財閥の胡文虎四十七歳にして初めて生まれたのが、私の二番目の主人になった胡一虎です。

家中が中国の骨董で埋めつくされていた環境で育ったせいか、彼は中国的なものすべてに食傷していて、その反動なのか西洋崇拝者でした。絵や置物の類いにしても、中国的なものには価値を見ず、私が中国服を着るのも嫌がりました。

絵は油絵のみ。それもレンブラント一点ばり。オランダ、パリ、ロンドンとレンブラントを求めて美術館めぐりをしていました。世界最高の天才はレオナルド・ダ・ビンチであり、ピアノはオーストリア、自動車はイギリス、女性はマリリン・モンローです。時計にいたってはクォーツでなくては時計にあらずと、ピアジェもロレックスもクォーツでなければ全部私に払い下げる仕末でした。

ひと頃はハム（アマチュア無線）に夢中になり、自宅の一室に無線の機械を置いた部屋を持ち、そこは鍵をしめて誰にも出入りを許しませんでした。時折、世界各地からハム仲間が訪れ、その部屋で話をするので、私はこの機会にとばかり、お客様には「日頃掃除をさせてくれないので」と説明しながら、部屋の掃除をするほどでした。それを、当人はあたりまえの顔をして見ていました。彼は、自分の生活法こそ自然で、他人は不自然な生活をしていると信じていたのです。

胡文虎全盛時に生まれたことが、彼を過保護の標本のような人にさせてしまったようです。善良で頭のよい、愉快な人でしたが、地球は自分中心に回っているので、他人の事はお構いなしです。働くということも知らない。お金なども、その辺にあるものと思いこんでいる見事さでした。

私との間に子供が授からなかったという不幸はありますが、私の前夫との子供をまるでわが子のように思ってくれ、孫もかわいがってくれました。環境がつくりあげた特殊な神経の持ち主ではありますが、性善説を地でいくバイブルのような人で、宗教界に入れば、修行することなくそのまま大僧正になれたであろうと思います。

私が彼に興味を持ったのは、彼が私とまるで違う土台に立っている人だったからです。私は彼と暮らすことにより、ぜんぜん波長の合うとは言えない男女でも、なんとかやっていけるということがこの結婚でよくわかりました。

主人は九年前に亡くなりましたが、主人の生前には、実は、第三の結婚をしようと迷ったこともあったのです。主人が徹底的な孤立主義者で、働かないし人の役に立とうともしないということに、やはり物足りなさを感じたこともあったからです。しかし、ともに暮らしているうちに、孤立主義者でもよいではないかと思うようになりました。「私は私の生活を打ち立て、彼との共同生活を私の魂の育成に役立てればよい。主人の代わりに私が、主人の父や私の父が望んだ、世の人に役立つことをすればよい。一家の中で誰か一人、それをやれれば構わないではないか」と考えたのです。

それで私は、自分で仕事をしたり、シンガポール赤十字で社会奉仕活動をしたりして、自分の生活をつくり上げてきたのです。ある意味では、主人と一緒になったからこそ、私のように身体も弱く頭も格別よくない普通の女が、いっそうの使命感をもつことができたと言えるかもしれません。

夫婦は二人三脚

人間が究極に追求するものが幸福なら、回りくどい道をたどらずに、なるべくまっしぐらに目的に向かって突進するほうがよいに決まっています。しかし、そうとわかってはいても、なかなかできないのが世の常です。

経済的な理由によって、したいことができない場合もあります。また、野心や義務感があったとしても、これは自分のやりこなせる分ではないと直感的に悟り、争うことなく道を譲ることは、そうざらにできることではありません。それは、私にはまるで出家でもする時の心境に似ているのではないかと思われるのです。

私の幸いは、自分の追求したいことをさせてくれる人が二度目の結婚相手になったことです。おかげさまで、私は前夫との間になした三人の子を気がねなく育てることができ、仕事も持つことができました。

タイガーバーム・ガーデンを造った彼の父胡文虎は無類の社会福祉家でした。今、私もごく自然ななりゆきで奉仕のために力を注いでいます。そのために、私はますます使命感を帯びて働き、世の中のもちつもたれつを知り、目を開かされています。

人生は二人三脚、誰がどの部分を受け持ってもよいと私は思います。人それぞれ、持てる才能をフルに発揮することができるポジションに腰を据えるなら、世の中の歯車は回転がよくなるはずです。そして愛があり、感謝があれば、すべて解決はつくと思うのです。

三従の一、父の訓《おし》え

戦前の日本には、「女は三界に家なし」という諺がありました。たとえ家があっても、それは父の家、夫の家、子の家と、民法上定められていたのです。道徳の上でも「三従」であり、女性の一生は男の支配下にありました。今はこの縛りがほどけています。それとともに、今度は責任も女性側に移りつつあるわけです。それは当然のことで、自由だけを確保し、社会に対して責任と義務は持たない、では真の向上にはならないからです。

女が社会的に真に男に伍し、男が支えてきた家外の部分を受け持つなら、それに伴う諸々の義務責任をも、引き受ける覚悟がなければならないと思います。

日本の女性は、戦後、ナイロンの靴下とともに強くなったと言われますが、はたして真の成長がその内側にもあったのかどうか。私はむしろ、国の支えたり得たのは戦前の女性だったと思います。現在の女性は、己の自由は勝ち取ったものの、国事には関心がない人たちが増えたように感じられ、心配していまます。

三従の中にあった女は、一面では確かに不幸であったかもしれません。しかし、父や夫が優しく立派で、子も親思いであったなら、三従も不幸とは言いきれないのではないでしょうか。昔は、道徳に縛られたので、三従が苦痛の連続であったとしても、家を離れることはできませんでした。また、社会的な制裁を覚悟しなければ、国際結婚も離婚も思いもよらないことでした。

私も、結婚したことで父から勘当されています。これは父が私を医者か弁護士にしたかったからです。父の一方的で横暴な考えでしたが、しかしまた、明治の男としては娘が父親に従うのもあたりまえだったのです。

私のどこにそんな素質があると父は考えていたのか、私には思いもよらないのですが、今となっては聞くすべもありません。とにかく父は、身体の弱い私の尻をたたいて、社会の役に立つ女性選手に仕立てようと努力したのでした。

結局、父の希望どおりの職業にはつきませんでしたが、今、私が社会奉仕の仕事に従事しているのは、父の残した訓えが私の心を呼びさましたからだと思います。

事業をしてお金をつくり、恵まれない人々に差し上げる。しかも、余っているお金をあげるのではなく、一生懸命働いて得たお金を然るべき団体に寄付する。こういう考え方は、結局父が訓えてくれたものの延長にあるのです。

これを三従の一従と言えるのかどうかわかりませんが、やはり一種の一従ではあるかもしれません。強要される従ではなく、喜んでみずからする従、これには苦痛はないのです。

第六章　民度は教育で決まる

思いやりの心

日本ほど全体的に教育程度の高い国はないと思いますが、高い教育を受けていながら、冷たい心の持ち主がいるのは残念なことです。この部類に属する人たちは努めて思いやりのある温かい心を養わなければいけないと思います。ひとたび自覚すれば、日頃の心掛けで少しく変えられる種類の性質です。心理学のほうでは心を変えるのはなかなか難しいと決めているらしいのですが、私はそばにつきそう者が、幼い頃にこれに気づいて心掛けてあげれば、人に対する思いやりの性質を養い育ててあげられると信じています。

思いやりの心を持ち合わせているといないとでは、人生が大いに違ったものになります。世の中の諸々の見方がまるで違ってくるからです。

人への思いやりがあれば、第一に、責任感を持った大人に成長します。人に迷惑をかけないように心掛けるようになります。相手の立場になってものを考える習慣が第二の性となるので、世の中の他の人との友好が滑らかにいくようになります。

マリファナを吸って、親を驚かせ悲しませたり、自分の主張を通すためには人を傷つけたり殺してもよいなどという考え方はしないでしょう。反社会的な青年が出現するのは親の責任でもあります。このような性格は突然に現われるのではないと私は思います。小さい時にとてもおとなしい子供でも、気をつけて観察すれば何かの片鱗がうかがえるはずです。

子供は生まれた第一日目から、よろしく教育されなければなりません。日本では多くの場合、三歳ぐらいまで甘やかして育てる習慣がありますが、三歳ぐらいまでが大切なのです。五歳まで七歳までといろいろな説があるようですが、小さい時にというのでは一致しています。

外国の地にいても、つくづくと日本の小さな子供がよく教育されていないのを見る機会が多いので、はなはだ心配しています。公共の場で大きな声で騒いでいるのは、必ずといってよいほど、日本の子供です。悪さをするのは、アメリカの子供です。GDP第一の国と第二の国が子供の教育ができていないのは、何を意味するのでしょうか。物資が豊富だということは、人心をも豊かにする、ということとつながらないのでしょうか。物が足りた時に礼節が調うはずであったのに、ヨーロッパの国々、共産圏の国々の子供たちがきちんと育てられているのに比べて、私は大変にこの子供の教育問題を日本の将来のために憂慮しています。

海外、特に東南アジアに赴任している日本人の家庭には必ずと言ってよいほどメイドがいて、奥様方はマージャン、ゴルフ、ブリッジ、食べ歩きに専念しているのはどういうことなのでしょう。日本の人は、とかく他の人のうわべの生活しか見ようとしません。世界各国の人がゴルフ、ブリッジをするのは社交のためで、明けても暮れてもそのことに熱中するためではないのです。また頭を休ませ、頭の訓練をするためでもあります。

料理の時間と子供のための時間に余裕ができたら、英語を習うようにご主人は奥方に勧めてほしいと思います。英語は必須の国際語です。一億こぞって話せるようにならなければなりません。

互いの意思を通じ合わせるには、まず言葉が必要です。たどたどしくとも、なんとか話してみようと努力する心は、親しみが持てるものです。親が努力しているのを見れば、子供たちもまた見習うでしょう。

戦時中に英語教育を廃したのは、もっとも日本らしいやり方です。心が狭い、近視眼的なものの見方の発露に他なりません。勝っても負けても英語は必要なはずです。勝って、占領地に日本語を強制的に教えればよいという考えは間違っています。思いやりのない態度であり方針です。

思いやりの心が土台にないと、将来、日本は東南アジアからしめ出されてしまい、世界からも孤立します。先進国として、兄としてよい手本を示し、手に手をつないで前進するためには、システムの土台に、思いやりの精神がなければなりません。毅然とした紳士の行動の裏に、深い理解力、洞察力が存在していなければならないのです。言葉と思いやりの心、これを絶対に身につけていただきたいと思います。

どんな人にも習うところがある

『論語』の中で孔子が子路に教えた言葉の中に、「吾不如老農」というのがあります。これは、農業については私より老農夫のほうが詳しく知っているという意味で、中国の指導者だった毛沢東も、人民公社の訓練を終えて各地に出発する若人に、「今まで君たちが机の上、またはコースの中で習ったことは、あくまでも基本の学問です。目的地に到着したならば、その土地の老農夫を先生として、改めて勉強するように。その土地に長く住んでいる人は空の色、雲の形、風の吹き具合でどういう事態が起こるか経験によってよく知っている。土壌、水はけ、こんな時にはこんなふうにと、祖先より言い伝えられたことがある。こうした言をよく耳に入れるように」と説いていたそうです。

最近の若い人で、目上の人の言うことを「古い」の一言で聞かない人が多いのは大変に残念なことと思います。私の娘なども「ママ、ずいぶんいろんなことわかりますね」と言うので、私は「あなたより二十年も年を余計にとっていて、あなたと同じことしかわからないのだったら、私はその怠慢を恥じて自殺でもしなくては」と言ってやります。

私たちは戦争中を疎開先ですごし、学校にもきちんと通っていないけれど、一生懸命に生きてきました。戦争の実体はわきまえなかったけれど、私たちなりに悟るところもあったし、何のために勝たなければいけないのかわからないままにも、種族保存の本能に刺激されて、機銃掃射の中も爆撃の夜もくぐり抜け、天命のもとに生き延びてきたのです。

もしあの戦争がなかったら、私はもっと弱々しい大人になったろうと考えます。薪でご飯を炊くことも覚えたし、妹と弟のために自転車に乗って一里くらい先まで、卵や野菜を受け取りに行った日々が、私を鍛えたのだと思います。バスがなくなって二里の道のりを、青空を眺めながら一人ぼっちで食料を背負って歩いたこともありました。そして、私たち姉妹が習ったことは、謙虚に勉強することでした。

現在の日本には、物があふれ過ぎています。それ自体は少しも悪いことではないのだけれど、ものには順序があり、先に生まれた人をいたわる精神、敬う心がなくなっているのは残念なことと思います。シカゴの旧家の老婦人が、「私は決して私の名を子供にも孫にも呼ばせない（アメリカではファーストネームを親子で呼び合う習慣がある）。私は子供にはマザー、孫にはグランドマザーと呼ばせている。こうしたささいなことが、若い人たちに目上を敬う心を養わせるのだと信じるから」と言っていました。一理あると私も思います。

若い人たちは、あくまで目上の人に敬語を使用すべきだし、礼儀に欠けることがあってはなりません。若いということはすばらしいことです。前途は無限です。私たちは喜んであなたたちの踏み台になりたいと思っているのです。私たちが年月をかけて学び取った経験の結果に、耳を傾けてほしい。むだであるはずがありません。それをいかに活用するかは、あなたたちに課せられた問題です。

シンガポールのママ・リー

私は、父親と文化学院の西村伊作先生から大きな影響を受けましたが、もう一人、私に大きな影響を与えた人がいます。その人はリー・クアンユー・シンガポール上級相（前首相）のお母さんです。国民みなに「ママ・リー」と慕われた人で、香港からシンガポールに移住した私にとって、もっとも特筆すべきことは、彼女と知り合えたことでした。生まれて初めて女性から指導を受けたのです。私にとって、彼女は母以上の存在であり、また師でもありました。

彼女には、女性にはなかなか持ち得ない智恵がありました。その笑顔はいつも私を励ましてくれ、いつも私を勇気づけてくれました。永遠の別れをした今でも、事あるごとに私は、空に向かって「ママ・リー、どうしましょう」と叫んでいます。

なぜこれほど偉大な思想を持つ女性が生まれ得たのか、と思うほどの彼女ですが、この人は実は学校に行ったことがありません。知識はすべて独学、耳学問で身につけたのです。十六歳で嫁ぎ、十七歳でリー・クアンユーを生みました。当時は女に学問は必要なしという風潮だったので、学校に行かず結婚したのです。しかし彼女は向学心旺盛な女性でした。そこで、姑の目を盗んで英語を学ぶ。新聞を読み、本を読む。

舅、姑に仕え、家事と育児に振り回される毎日。十七、八歳にして青春の〝せ〟の字もない日々の中で、彼女は五人の子を立派に学校にやり、さらに長男を英国に留学させる。没落した婚家でしたが、子供たちを二人の弁護士と一人の医者に育て上げたのでした。

男の子が四人いましたが、この母にしてこの子ありと言うべきか、母親のスパルタ式教育に見事に応えました。男の子たちはとてもいたずらっ子だったので、各部屋に鞭を置き、行儀が悪ければすぐピシッ。きちんと勉強しなければピシッ。こんなふうに鍛えたのです。

ママ・リーは、英国の植民地下にあるこの国では、どんな職業につけばもっともよいかを調べ、英国留学の経験が生きる弁護士に的を絞り、そしてレールを敷きました。

例えば、新聞に面白そうな事件の裁判があると記されていれば、クアンユーくんをつれて傍聴にまで行く。そして、頭を使ってお金を貯め、ついには長男のみならず、次男まで弁護士にしました。

彼女が世のふつうの母親とは違うのは、功なり名をとげたら、貧しい人々の弁護をしてやるように、と息子たちに教えたことです。この母親の教訓、叱咤《しった》激励は見事に花を咲かせ、今日の人民行動党の精神の土台となり、シンガポール建国の礎となり、誰もが豊かに暮らせる国造りの基ともなりました。

彼女は話がとても上手でした。いつも笑顔で「アキコー!」と呼んでくださり、いろいろな話を聞かせてくださったものです。若い時の苦労話、ダンスのコンテストでご主人と一緒にマレー半島第一位になった話、土地を売買する話、トラックで新聞紙を集め、公設市場に運んで包み紙として配った話、水泳が上手で中華婦人会の幹事をしていた時の話……。

なかでも一番印象的だったのは、日本人婦人会での講演です。一生懸命貯金をしたけれど、それはダイヤモンドを買うためではなく、子供をよりよい大学に入学させるためだったという話。教育ママかと思われるかもしれませんが、そうではありません。教育方針が非常にまともで、人のために役立つ人になるようにと、常に教え育てられたのです。

料理の上手な方で、料理の本も出されたし、私たちに毎週教えてもくださいました。首相の母堂となられてからも、気さくさは変わりませんでした。どこへ行くにも、一人でとことこ出かけられてしまう。七十歳近くなられてからは、さすがに友人や親戚の誰かがつきそうことになりましたが、当時のフィリピンのマルコス大統領の母上に、医者、看護師、ボディーガードたちが総勢九人もつきそっていたのとは大違い。この点も「さすが、わがママ・リー」と、シンガポールの国民は誇りに思ったものです。

亡くなる間際にキリスト教に改宗されましたが、そもそもはフリーシンカー(特定の信仰を持たない人)。だから、どの宗教もよしとされ、私が仏教徒とわかると、いろいろ質問もなさいました。哲学的な人生観を持つ方であり、共産主義とは相容れない思想の持ち主でもありました。人間は考え、働くために存在する、競争して働かなければならない……と。

英国支配下のシンガポールで、その差別を強いられた生活の中で、のびのびと悪びれずに暮らしたママ・リー。彼女には、いつかきっと見返してやろうなどという妙な闘争心はなく、ましてや劣等感などみじんもありませんでした。クリスチャン・ディオールの靴よりも六ドルのスリッパのほうが楽と、ローカル製のスリッパでスタコラ歩き、洋服といえばアッパッパ。子供たちは母親の責任のもとに教育されなければならないと説き、十六人のお孫さんからもグラニー（おばあさん）と慕われたのでした。その上、リー・クアンユー首相の足をひっぱる者が身内から出ないようにと、三百人にも余る親類縁者をも統率したのです。彼女は、礼儀正しくない人は人間として通用しないとし、そして人間をこよなく愛し、慈《いつく》しんだのです。

七年近く彼女とおつきあいさせていただき、私はどれほどの教えを受けたことか。その影響は計り知れません。

その彼女も、入院してわずか十日、明るい真昼に、「どうしてこんなに暗いのか」とおっしゃり、その夜半、急に容態が悪化して、明け方あの世に旅立たれてしまいました。七十四歳でした。

娘である首相の妹さんから、「ママは生前あなたを親友の一人に数えていました」という言葉を添えて、ママ・リーが生前好んだ洋服が形見にと届けられました。私も彼女を最高の親友だったと思っています。この洋服と、生前にいただいた、ボートに二人の子供を乗せて母親が櫓《ろ》をこぐ象牙の彫り物、そして写真をお守りとし、私は生きているのです。

ママ・リーの遺志を継ぎ、周囲の人、若い人の力になれたらと思いながら……。

教師たるものの資格

以前、シンガポールの自宅に、見知らぬ日本の女性から電話がありました。「お話ししたいことがあるので、お目にかかりたい」と言います。私はとても忙しかったので、「電話で用件をお聞きするわけにはいきませんか」と答えました。

彼女の要望は、「実は昨年シンガポールを訪問して大変気に入った。そこで、東京の家は人に貸し、ここに滞在したいと当地に来たが、滞在許可が取れないのであなたのお力でなんとかしていただけないだろうか」というものでした。

シンガポール政府の方針も聞かないで、何もお約束することはできないし、助力もできません。いくらシンガポールやマレーシアが「ルック・イースト」を打ち出していたからとて、何事もすべて日本のほうへ向いたわけではないし、親日になったわけではないのです。日本のよい点を見習えと言っているのに過ぎません。

当局の許可も得ずに引っ越してくるなんて、思慮分別に欠ける話です。私が、いくら地球が狭くなり、シンガポールは昔の九州のようだと言ったからって、ここは日本ではないですから、当地に行けばどうにかなると思われては困ってしまいます。

この女性が教師だと知って、私はなおさらあきれてしまいました。どうも、シンガポールで英語人種に日本語を教えようという目論見らしいのです。教師というのは、専門の知識を専攻したい人に教えをたれる役ですから、その専門だけに精通していれば、他の事柄には常識が及ばなくても許されるとでも思っているのでしょうか。こんな人物に教えを受ける生徒や学生は災難です。

人に、特に若い人にものを教えるなら、常識豊かで愛情にあふれ、教養が高く、節度のある人格であってほしい。自分の都合ばかり主張する人には、人の師たる資格はありません。

近年は、この女性教師のように、子供たちの手本となるべき教師の質が落ちているような気がします。不祥事も増えているようです。文部省は、先生になる人を選ぶ考査を考え直すべきではないかと思います。教職の資格を持っているだけでは不十分ではないでしょうか。専門的な知識があるだけでなく、社会的常識をわきまえ、人格的にも優れた人物を選ぶべきです。

そして、小学校の教師になってくださる方たちに今よりも高給を払って、小学校教育にもっと力を注いでいただきたいと思います。世界に通用する英語を小学校の頃から教え、同時に、善悪のけじめ、正しい日本の行儀作法、他の人との協和の精神を、将来の日本を背負って立つ子供たちに教えてほしいものです。

人格形成の時期、六歳から十一歳までの教育をもっと尊重すべきだと思います。つまり、人間の土台作りが小学校の教育にあり、その過程の中で仕上げをしていかなくてはならないのです。

人間には生まれついての気質や能力が一生ついて回るのは事実です。しかし、反面、経験説もあります。どんな家庭に生まれ、どんなふうに育てられたかで性質が決まるという説です。私は、どちらも正しいと思います。よい遺伝形質を子孫に伝えたいとは誰しも願いますが、実際にはそうは問屋が卸さないものです。せめて、生後、父母の感化でよりよい人間に育て上げるしか手はありません。その時、特に重要なのが母親です。そして、幼稚園と小学校の教師ではないでしょうか。先の女性教師を知った私は、日本の教育を改めて憂えないわけにはいかないのです。

三つ子の魂

人間の脳は生まれてから九歳までの間に完全に近いくらい発達してしまうのだそうです。だから、道徳心に関することは、この時期までにたたき込まなければいけない、それも、三歳くらいまでに容赦なく徹底しておかないと、善悪を正しくわきまえた正義の人に成長することはできないのだと言います。三つ子の魂とはよくぞ言ったものです。昔の人は、科学も発達していなかったのに、ちゃんとわかっていたということです。むしろ、昔の人のほうがテレビや電話の情報に振りまわされないだけ、世の中の実態をじっくり判断できたのかもしれません。

ある日突然子供に反抗されて驚いているご両親から、説得を依頼されたことがありました。しかし、思春期になってしまってからでは説得するのも簡単ではありません。なにしろ、知識だけは一人前にあり、栄養が豊かだから身体は大きい。身のほどをわきまえない子に育っていました。

「父親は金儲けにばかり専念しているが、自分は貧しい人の味方になりたい」などともっともらしいことを言うのですが、いったい誰のおかげでこの体格となり、学問を身につけたかは、すっかり忘れているのです。自分一人で大きくなったとでも思っているのでしょうか。

この子供、戦後日本の国情に非常に似ています。敗戦後、アメリカのおかげでここまで成長できたのに、それを忘れるからたびたび貿易摩擦が起きるのです。日本人同士はいつも「おかげさまで」とやり合っているのだから、アメリカに対してもおかげさまでの気分でつきあえばよいのです。そして、よきパートナーとして、正しいと思うことを話してあげるべきです。

子供の教育は、日教組の手にゆだねる前に、まず家庭でしつけ、教育すべきです。先生が悪いなどと責任転嫁をせずに、自分の子供なのだから、自分の責任において育てるべきでしょう。二十五年、その気でやれば立派な花が咲くはずです。敗戦後六十年近くが束の間に過ぎ去ったことを思えば、二十五年などは瞬時です。

ドイツ人の厳しい家庭教育

ある時、新幹線で二人の男の子を連れたご夫婦と乗りあわせました。名古屋からの乗客で男の子は五歳と七歳くらい、私の斜め後ろの席につきました。

あまりスッキリとしない様子のママは疲れているのか眠っています。土曜日なのでどこかに遊びにでもいくのでしょう。二人の子はパパの監督下にあり、しきりに話しかけていました。

この時に、子供がひどく大きな声で話したりいたずらをしたりするのに、両親が何も注意しないことに気づきました。

母親が、日頃子供二人の面倒を見ているから、今日は晴れて私の休日と決めこむのは、まあ仕方がないかもしれません。父親にしても、たまにしか一緒に過ごさない子供に小言を言うのは嫌なのでしょう。しかし、子供の社会教育、公衆道徳教育こそ、こういう機会にしなくては、一緒に旅行する意味がないと思うのです。

戦前はこんなことはありませんでした。私にしても、父と旅行すると、折にふれては物の見方を聞かされたものです。

ある時、列車の中でドイツ人の父子が斜向かいの席に座りました。四歳くらいのこの男の子が、紙飛行機を飛ばし始め、そのうちに紙飛行機が四人がけの席の境界を越すようになった時に、父親はその遊びにストップをかけました。

「他の人の迷惑になるからやめなさい」

その時、私の父が、ドイツ人がしっかりしているのは、子供の時からこうして厳しく教えこまれているからだと語ってくれたのです。

ドイツ人のしつけは本当に厳しいようです。こんな思い出もあります。戦時中、箱根に住まわされているドイツ人の一家を訪ねた時のこと。六歳くらいの女の子が、昼食時に食べ物の文句を言ったのです。すると父親は彼女に、テーブルを立って自分の部屋に入るように命じました。女の子はしぶしぶ立ち上がり、ベソをかきながら去りました。

その若いドイツ人の父親は、私の父に謝罪し、私にもわびました。ドイツ人は家名を大切にする民族です。わが家から行儀作法の行き届かない次代を出すわけにはいかないのでしょう。

家名を大切にする人は、ごく自然に国名をも尊重します。こういう人なら、出身国の代表として、国外で立派な行動がとれると私は信じています。

本当は日本でも、戦後にアメリカが教育方針を修正するまでは、世界に誇る独自の公衆道徳、礼儀作法があったのです。私どもの育った時代には、その実行を、両親からも先生からもきつく守るように言い渡されました。静かに行動すること、紙屑は屑籠に捨てること……こうした掟は今だって世界中どこにでもあります。

しかし、今の日本人は、特に団体で行動すると、このような掟を破るのはなぜなのでしょうか。路上で立ち小便したりするのはなぜなのか。

もし日本が世界のリーダーたらんとし、平和国家を建設したいなら、ぜひとも尊敬に値する次代を養成しなければなりません。その時初めて、日本の説得力は世界に通用し、あとを追う国が続々と出現するでしょう。

子供のしつけや教育を父母がしないで、いったい誰がすると言うのでしょうか。

子と親は互いの師です

子供にとって、親は手本です。だから勉強にしても、子供だけに強いるのではなく、親も一緒に勉強し、会話を交わしながら実地に教えこまなければなりません。そういう意味でも、親が子供を連れて旅行することは有意義だと思います。

見聞したことは夕食の時にでも語り合い、子供たちの意見も聞きましょう。出会ったさまざまなできごとをきっかけに、人生に対する考え方や生きていく心構えを教えることもできます。

私にとって、子供たちは子供であるとともにわが師でもあるのです。学校で先生がおっしゃったことや自分の考えなどを、大学に行かなかった私によく教えてくれました。アメリカ人のものの考え方やアメリカの大学生の様子などを話してくれたのも、アメリカに留学した子供たちです。

素直でよき子供たちである彼らは、私にとってかけがえのないアドバイザーです。彼らと非常によい友好関係を結ぶことができ、つくづく幸せに思います。

はたして、子供を抱いたり手を引いたりすることばかりが親の愛情でしょうか。大切なことはよい友だちになることだと思います。困った時、悲しい時に、彼らが私を最初に思い出してくれるようにと、私は祈り続けてきました。

親子の関係も何かの縁です。彼らは親がいたことの幸いを、私は子宝に恵まれて育てさせていただいた幸せを、互いに感謝しながら一生を送りたいものとしみじみ思います。

わが子のけんか

一対一でけんかをするのではなく、集団で暴力を振るう子供たちを見ると、欲求不満のせいではないかと思います。

暴力の陰には、家庭で人格を無視されていたり、父母の愛情の注ぎ方が間違っていたり、特に母親の性格が冷たいというような理由がひそんでいるとしか思えません。

男の子は、だいたいにおいて本質的に母親思いです。幼い時から母の一挙一動を見張っています。それも愛《いと》しげな思いで……。それが女の子なら、同じ見つめるにしても、愛しげな思いを込めてではなく、きめ細かく冷静に観察しているような気がします。

いずれにしても、子供に絶対の影響を与えるのは母親です。ですから、子供が乱暴を働くとしたら、生まれつきの性格もあるにせよ、母親が三歳くらいまでにしっかりとしつけをしなかったからだと思います。

三つ子の魂という如く、三歳までに、お尻をたたいても悪いことは直しておかなければいけないと思います。三歳までなら、そうして叱られても覚えていないし、家出するすべも知らないからです。

また、子供は自分の所有物という意識もいけません。自分の生んだ子ではあるけれど、お預かりしているというように考えたほうがよいと思います。

子供は、大切にすることはもちろんですが、同時に一人の人格を持つ人間として、厳しくしつけることが将来のためなのです。

けんかにしても、一対一の法則を教えこんでおけばいいと思います。だいたいけんかをしない子なんて普通でないと思ってもよいのです。やり方次第です。弱い者いじめはしないことだけは教えておくことです。

けんかに親がしゃしゃり出るのもいけません。子供だとて紳士・淑女の卵です。争い事は当人同士で解決させなくてはいけないと思います。私の方針としては、手をあげることは禁止しました。あくまで論戦にしろと。相手を説得することに重点を置かせたのです。

兄弟げんかの時には、私はそばで本でも読んでいました。知らぬふりをしながら、実は聞き耳を立てていました。どちらの肩も持たない方針でした。自分たちで解決させること。それが将来のための練習になるからです。

こうして育てた結果、後年、長男は近所の悪童に集団で襲われた時、一目散に逃げたと話してくれました。おかしなプライドなどなくてよかったと思ったものでした。

結局、五十年余り、無事にすごしています。これからもばかげた事態からは逃げきってほしい。弱虫と人にそしられても構わない。ママがそう思っていないのだから。

私は、子供たちの最良の友人でありたいと希望しているのです。

甘やかさず自立（自律）させる教育を

日本の子供は博学ですが、心が幼いように思います。それなりに年をとってしまうので、外国の人たちから、日本人は大人でも十何歳というように受け取られてしまうのです。

幼児語などなくしてよろしい。初めから正しい美しい日本語を教えるべきだと私は考えます。「そんなに厳しくしたらかわいそうよ」と日本の方は言われますが、初めからそうであればかわいそうも何もありません。当人は幼くて知らないのだから、甘やかさずに育てるべきです。かわいそうと思うのは大人のほうだけです。子供を子供のように扱わないと、自分がつまらないからではないのでしょうか。

もちろん、こまっしゃくれた子は憎たらしいですが、節度ある羞恥心を持った子に育てるのは両親の腕にかかっています。

例えば、一つの事件に同時に遭遇してもいろいろな考えがあることを教えましょう。A君とB君の考えの両方とも正しい時もあり、どちらかに理がある時もあり、両方とも的はずれの場合もあります。自分ばかりがいつも正しいとか、弟のほうは小さいがゆえにかばわれるとかいうのは、いい育て方ではありません。抱いたりなでたりすることばかりが愛情ではないのです。

道を一人で歩かせる。五歳未満でも一人で旅をさせる。他人と生活をさせてみる。何時間でもきちんと座らせる。それくらいはやってみていいのではないでしょうか。

日本の親御さんは、子供に対してかわいがりすぎ、大事にしすぎ、甘やかしすぎの傾向が強いと思います。要するに過保護なのです。子供に愛情を注ぐことはとても大切なことです。しかし、愛情を注ぐことと甘やかすことはまったく違います。

自分が貧しい時代を経験したから、あるいは苦労したから、子供には苦労をさせたくないと思って、溺愛するのかもしれません。しかし、本当に愛情があり、子供がかわいいと思うのであればなおのこと、将来子供が社会に出た時に困らないように、厳しく教えることは教え、叱ることは叱り、自立（自律）して生きられる人間に育てることが大切なのです。多くの外国の親はそのように子供を育てています。私も子供に自立心をつけさせるために一生懸命努力しました。子供がかわいいからこそ、小さい時から厳しく育てたのです。

日本には　親に叱られたことがない人がたくさんいるようです。日本の知り合いの方に聞いた話では、会社などでも、上司がちょっと注意をして叱ったら、泣き出したり、出社拒否症になって出てこなくなったりする若い社員がいるそうです。それも最近は男性社員がそうだというのです。私が驚いて「男のくせに、どうしてそんなことになるの」と聞いたら、親にも叱られたことがないので、初めて叱られてショックを受けてしまったのだそうです。本当に、そういう人の親御さんは何を考えているのかと思ってしまいます。そんな子供に育ててしまっては、子供もかわいそうです。社会に適応できなくて、本人自身が苦しい思いをしなければならないでしょうから。

私は講演などでお母さん方にいつも言っています。エステをなさるのも、カラオケへいらっしゃるのも、ダンスをお習いになるのもいいけれども、ちゃんとお子さんを教育しておおきにならないと、中年になってから、ある日突然、お子さんがナイフを振りまわしたとか、交通事故を起こしたとかで、いっぺんにお顔にしわができたり、白髪が増えることになったりしてしまいますよと。それだけでなく世間に迷惑をかけることにもなります。「うちの子に限って絶対にそんなこと」と言われるかもしれません。そう、絶対にそんなことが起こらないようにお願いしたいと思います。

不平等必要論

日本の教育は基本的に平等主義で、義務教育課程では国語、算数、社会、理科などの基本科目をみなに同じように教えています。ひと頃は、平等を重視するあまり、学校の運動会などで一等、二等をつけるのもいけないとされていたようです。今はさすがにそういうことはなくなったようですが、人にはそれぞれ得意、不得意があるのですから、全部が平均的にできなくても、なんでもいいから得意なものを伸ばしてあげるようにすればいいと思うのですが、教育のシステム上、なかなかそれも難しいようです。

中国の仕分けによれば、人間の性格には大きく分けて六十五あるそうです。少なくとも六十五あるのですから、人間みな平等ということはないのです。

東洋医学では、お医者さまの治療にも、陰のやり方と陽のやり方があります。この人には熱いものを飲ませて、この人には冷たいものを飲ませるというように、人によって、あるいは状態によって、治療の仕方が分かれているのです。ですから私は、外科的なことは西洋医学のほうがよろしいかもしれないけれども、内面的なものは東洋医学のほうが掘り下げが深く優れていると思います。併用するのが一番いいようです。

そのように、人間はそれぞれみな違っているのですから、それを平等だと言うほうが平等ではない、むしろ悪平等になってしまうと思います。私のような者もいれば、もっと気が弱い人もいる。違いがわかった上で、人と人がどうつきあったりしていくかということが大切なのです。

個々人が自立（自律）し、強制されることなく自発的に行動する社会。統制せずに、互いによりよい状態に持ちこむための競争のある、ユーモアのある明るい社会。能力の低い人、体力の低い人が福祉におんぶして甘えるのではなく、自分たちでも一生懸命努力する社会。そういう社会をつくっていくべきだと思います。

真に秀でた人たちは、平等を求めることもしなければ、優越感に浸ることもないものです。平等を声高に叫んで求めるのは、たいていの場合、コンプレックスの強い人たちのように思います。そういう人たちほど、平等を強く要求します。また、さほど秀でているわけではないほどほどの人であれば、むしろ優越を意識し、特権を要求することが多いようです。

アリストテレスの時代、つまり二千数百年前の昔から、人間はこの命題に取り組んでいるらしく、ギリシアの哲人の言葉としても記録に残されています。

科学技術がこれほど進歩した現代になっても、人間は依然として優越感と劣等感、平等と不平等に悩み、何やかやと争っているのは、なんと愚かなことでしょうか。

優越も劣等も裏を返せば同じこと。平等も不平等も、いずれを尺度にするかによって変わってしまいます。

人と生まれたからには、頭脳に差があり、体力に差があり、運命が異なるのはあたりまえのことだと思えばよいのです。努力しさえすれば何事も成るというならともかく、人の力ではどうしようもない不思議な作用があるらしいことを、誰もが認めているではありませんか。

どんな子供にも、何か一つ褒めるところはあります。わんぱく小僧でもあるはずです。天は二物は与えないかもしれませんが、一物は必ず与えていると思うのです。絵が上手だとか、かけっこが速いとか、こんなことをさせたら一番だとか。それを見つけて、上手に育ててあげるのが先生の役目であり、親の役目であると、私は確信しているのです。

団結の強さ

半世紀前まで英国はバランシング・パワー・ポリティクスというやり方で各国をあやつってきました。隣同士を仲悪くさせ、いがみ合わせ、その機に乗じて漁夫の利をしめるやり方です。特に人の心の純朴な国では、これにうまうまと乗せられてしまいました。

シンガポールが英国の植民地になったのも、英国がジョホール州とパァハン州を戦わせ、銃をジョホールに売り、その代償としてシンガポールを譲り受けたからでした。香港は異なる形で分捕りましたが、インドもビルマも始終内部同士紛争を起こして、英国を攻撃させないようにして漁夫の利を得たのです。

日本の商社同士仲が悪いのは世界周知の事実ですが、諸外国のしかける罠にはまらないように、気をつけなければいけません。また東南アジアから信頼を受けた日本の存在は、西洋諸国には煙たいので、何かと紛争が起こるようしかけてくるかもしれません。

そうした策に落ちないためには、人の語ることの真偽を確かめる習慣をつけるように、自分たちの目や耳を養うように、常に努めなければならないと思います。

往時のギリシアやローマが滅びて、中国だけが今日また生き返ったのは、中国人にはこの思想があるからです。日本人が、中国の人口の多いのは国が大きいからとか、何もすることがないのでセックスばかりに娯楽を求めるからだとか言いますが、それは間違いです。中国はほぼヨーロッパ全体と同じ土地持ちですが、人口は全ヨーロッパのほうがはるかに少ない。セックスについては、中国人は各国の人と同じ興味を持っているし、その生活を大切と思っていますが、娯楽がないから子供を生むのでなく、子孫を残すことを必至の道と考えているからです。

中国では、正月に「恭喜発財添丁」、つまり「おめでとうございます。お金が儲かりますように。子供を授かりますように」と祝い合うことでもわかるように、戦乱の連続で、頼るのは自分だけだったという思想がよく表われていると思います。またもう一つ、中国人が自然に学んだ知恵は、毛利元就ではないですが、団結することです。弓は一本より三本のほうが強い。中国人はどこに行っても中国人同士寄り添います。弱者の学んだ最善の道です。そして交渉の任に当たれる人を選び、各国で商工会議所を設ける。アメリカに行っても、英国に行っても同じこと。彼らの団結は言葉で表現できないほど固い。うらやましいほどです。

家族制度もいまだに壊されていません。中国大陸でも生活の態度は変わったとはいえ、老人を敬い、子供を大切にする思想は守られています。人間として、人間らしい態度を維持しています。

日本の企業のように、仲間同士で嚙み合っては動物より劣るのではないでしょうか。特に外地に出たら、横の連絡を発達させてください。

エリート教育の必要性

日本人は組織をつくるのは突出してうまく、組織となった時には大変な力を発揮するのですが、個人としては頼りないところがあります。自己責任を持たないし、持ちたくもない、義務も負いたくないという性質があるのです。これでは世界と張り合っていくのには足りないと思います。

それならどうするか。その特徴を生かして、組織を率いる傑出したリーダー、すなわちエリートを育てる教育システムを取り入れたらどうかというのが私の提言です。日本の教育は平等主義で、リーダーを生み出し、リーダーシップを育てるような環境が欠けているように思います。

私は、広島県の江田島にある海上自衛隊で、若い自衛官を相手に国を守ることについて講演をしたことがあります。そこで感じたことは、彼らはとても飲み込みが速いということでした。わずか二時間くらいの講演でしたが、私が彼らに伝えたかったことをとてもよく理解してくれました。彼らが、普段から国を守ることについて考えているのは、職業柄当然と言えば当然ですが、それだけでなく、愛国心が強く、日本が平和国家として世界に貢献するためにはどうすればいいか、他の国々は国防ということについてどう考えているのかなど、非常に真剣に考えていて、私に質問してくるのです。

私は、自衛官に限らず、こういう若者たちを集めて、日本のリーダーとなるべき人材を養成したらいいと思うのです。あまり若すぎても、社会の垢がつきすぎていてもよくないので、二十代前半くらいに的を絞って、本当に短期間でもいいので、一週間なら一週間ぐらいのセミナーで英才教育をすればいいと思います。

日本には、特に若い世代に人材がいないとよく言われますが、私はそんなことはないと思います。探せばいるはずです。

昨年の夏も、ある方の紹介で、一人の青年が私を訪ねてきました。その青年の自己紹介によれば、彼は二十七歳で、来るべき衆議院議員選挙に福岡から出馬したいとのことでした。いろいろと話を聞いてみると、彼は母一人子一人で、お母様だけに育てられたそうです。お母様は家業を継いでいてお金はあるので、選挙のお金はお母様が出してくれるとのことでした。

それで彼が言うには、「自分はどうしても政治家を目指したいので、そのための苦労はなんでもないのです。でも、私が政治家を志したために、母が苦労して守ってきた商売が継げなくなるだけでなく、母が貯めたお金まで使うことになってしまう。政治家になれたらなれたで、また母に心配や苦労をかけることになってしまうのが、とても心苦しいのです。母に対して申しわけないと思っています」

そういう親思いの心もあるのです。だから私は、「あなたが本当に政治家を志すのなら、そして日本の社会を少しでもよくしたいと思うのなら、お母様も喜んで応援してくれます。母親とはそういうものです。だから、一生懸命おやりなさい」と励ましました。彼は政治家の二世でも三世でもなく、知名度もないので、選挙は厳しいようでしたが、私が「街頭演説で声がつぶれないように、今からのどを鍛えておきなさい。一時間以上やって声がかれるようじゃ困るからね。毎回少なくとも五時間ぐらいは怒鳴れるような感じじゃなきゃだめよ」と言ったら「はい、今日からやります」と素直におっしゃって、帰っていきました。

こういう素直で、心豊かに育っている青年が日本にもいるのです。私は、こういう青年がもう少し増えれば、日本もずっといい社会になると思います。

シンガポールは、三十八年前に、リー・クアンユー前首相など当時三、四十歳の十四人の青年たちによって建国がリードされました。彼らは自主独立の気概に燃え、愛国の心をもって、寝る間も惜しんで建国に邁進し、シンガポールを今日の繁栄に導いたのです。

大勢の中で一部の人間が傑出すればいいのです。国民のために理想の公僕になり得る人々を育て、平和国家に徹し、自力立国の気迫に燃え、世界の人々から尊敬される国になっていくように、努力していただきたいと思います。

シンガポールでは、教育は英国式なので六・三・三・四制ですが、大学が一つしかないので、大学まで進学する人は非常に少なく、大学に進学する場合でも、イギリスに留学する人がほとんどです。シンガポールでまだ外貨が少なかった頃は、留学しても成績が悪かったら、外貨がもったいないということで国に戻されてしまいました。それくらい厳しかったのです。ですから、留学した人たちは一生懸命に勉強しました。そういう人たちが国に戻って、医者や弁護士や政治家など、社会の指導的立場になって、国の発展に尽くしているのです。

シンガポールでは建国の初めの頃から、男性は十八歳から二年半の兵役があります。シンガポールの徴兵制はこういう考え方から出てきました。十八歳くらいになると男の子はだいたい暴れたがります。シンガポールのような小さな国で、男の子たちが暴れるようになったら、騒動になるので、集団の修業に入らせようという考え方なのです。徴兵制が始まった時は、お母様方は大反対しました。ところが、兵役を終えて子供が戻ってくると、軍隊で心身ともに鍛えられて、非常に礼儀正しく、社会や国家のことに思いをいたすことができる好青年になっていたので、かえって入れたほうがいいのではないかという具合に変わってきたのです。

日本も徴兵制を取り入れるべきだなどというつもりはありません。ただ、日本の社会全体で、志のある若い人たちをみんなで育てていくことは大切なことだと思います。若い者はだめだ、だめだと言うのではなく、自分の周りにもいるかもしれない、いい資質を持った若者を、応援して育てていただきたいと思います。日本の将来は若者たちにかかっているのですから。

温故知新

見かけや服装で人の内容を割り出してはいけないのは百も承知なのですが、今の若い人たちの髪の色はなんとかならないものでしょうか。日本人の黒髪はそれだけで美しいのに、女性も男性も、茶色やら金色やらに染めてしまって、なんとももったいないことです。私は美的感覚には自信があるつもりです。その私から見ると、日本人の茶髪や金髪は肌の色には似合わないと思うのですが……。

私の息子たちが若い頃には髪を長くするのが流行っていました。息子たちも、わが子ながら情けないことに、世の風潮に右にならえで長髪組でした。私にはなんともむさくるしいばかりで、カッコよくは見えないので、彼らの誇りを傷つけないで、髪の長さを私の納得できるところまで切ってもらいたいと思ったのですが、いかんせん、切ってくれません。長いと散髪代が節約できると言うのです。それなら散発代を余分にあげるからといっても、交渉が成立しませんでした。そこで私が、「ママが嫌っていることをわざわざすることはないでしょう」と理不尽なことを言って駄々をこねたら、さすがは男、二センチばかり切らせてくれました。

当時、若い女の子たちに、「あなたたちは長髪の男の子に魅力を感じるの」と聞いたら、「人によりけりです。わかっていないな」という言葉が返ってきました。とにかく私はカッコよくないと思ったのですが、カッコいいと思う人もいるから、長髪が流行ったのでしょう。

このように、世の中には対立がつきものです。いかに折り合うかを学び、研究する心掛けが大切だと思います。子供たちに私は、「少なくとも私のほうが先に生まれてきたのだから、先着順で私の言うことをまず聞いてちょうだいな。それからあなたたちの話を聞かせて」と言ってきました。また「私の話を聞いておいたほうが得じゃない。千冊くらいの本のダイジェストだもの、時間の節約になるでしょう」と言ったら、耳を傾けてくれました。

最近の若い人たちは、しゃにむに自分たちの言い分だけをまくし立てて、人の言うことを聞かない人が多いようです。そして、自分の意見に反対されると、「年上の人はみな古いなあ」となります。古い考え方にだってたくさんよい点があるのだし、親はわが子がかわいいから「何とかしたい」と思って言うのですから、年上の人や親の言うことにも耳を傾けてほしいものだと思います。

私は十代の頃を疎開させられたり、機銃掃射を受けたりして、大人になりましたが、今の若い人たちは物がありすぎ、刺激が強すぎ、かわいそうであると同情もしています。そして頼りにできるはずの両親も先生も忙しい。次代を受け継ぐ若い人たちと隔たりをつくらないように、互いに研究し、話し合いをすることが大切です。若い人たちは老人をいたわり、老人はそれに甘えることなく、老後までの生活を相互の力で助け合う工夫をすべきだと考えます。親は親の責任を全うし、子供は子供の分担をきちんと全うする。髪のスタイルや色はともかく、民族意識と人格を磨くことに努力を重ねていただきたいのです。

女子と小人に知らしめよ

銀座のバーの女の子いわく、「ミセス胡、私なんにも才能がないから結婚しようと思うの」。私はそれを聞いて驚いて、「とんでもない。主婦のしていることを専門業にすると、炊事、洗濯、育児、窓拭き、植木の手入れ等々、三十いくつもあるそうですよ。才能がないから結婚しようとは、相手に選ばれた男性こそいい面の皮、やめてちょうだい、そんな考えは」と忠告しました。

才能もなくして子供を生んでは本当に困ります。日本には案外こんな安易な考えを持っている女性が多いようです。最初は、謙遜してそんなふうに言うのかと考えていたのですが、本当に働くのも嫌になったし、容姿にも次第に自信を失い始めたので、誰かに食べさせてもらおうと考えているのです。男性は賢いから、よもや、このような考えの女性に誘惑されるとは思いませんし、また、この女性も結婚してまめまめしい主婦に豹変するかもしれないので、なんとも断定はできませんが。

それにしても、日本男性が時々気の毒になるほど、どっかりと妻の座とやらに腰掛けている日本女性が多いのは確かです。朝はご主人より遅く起き、子供にお弁当も作ってあげない。身体が弱いのならともかく、デパートのバーゲンがあれば人を掻き分けて奮闘するのに、家事・育児は手抜きして、人の悪口に専念する人もいます。

何もできなくても結構、ご主人に炊事をしていただいても、育児をしていただいても、外に害毒さえ流さないようにしてもらえれば。自分たちがチャンチャンバラバラやるのでは足りなくて、子供たちまでそそのかす人たちがいるのにはあきれます。外国人の女性にも、そういう人がいないわけではないのですが、少なくとも教養の高い人たちの間では節度が保たれていました。日本の方は、大学卒などとても高い教育を受けている方たちなのに、何のために大学を出たのかしらと思わざるを得ない女性がいるのは、はなはだ遺憾だと思います。日本の女性は女性らしい雰囲気を持っているからということと、男性によく仕えるということで、世界一の折り紙をつけられていたのですが、それに加えるに知性と良識のほうでも世界一になっていただきたいと思います。

昔、リベラリストとしても有名な女優のシャーリー・マクレーンが周恩来夫人に会って、夫人の知性と見識と優しさに驚異の目を見張ったと新聞に出ていたことがありましたが、隣国の中国のご婦人たちが大いなる歴史の苦悩を踏み台として磨きをかけているのに、日本の女性は大いなる物量に毒され、打ちひしがれた感じがして情けないと思います。フランス製品を身につけて、心は週刊誌というのでは困ります。社会を担っているのは男だけでなく、自分たちにも半分の責任はあるのですから、よろしく勉強していただきたいと思います。ご主人もそれを手伝ってあげてください。「女子と小人には知らしめず」ではいけないのです。

お金の哲学

「事業文章　随身銷毀　而精神萬古如新」（『菜根譚』）

これは「事業を大きくするとか、光輝を放つ仕事を世に広めることは、その身のある間だけは存在するが、永久にというわけにはいかない。その人が死んでしまえば同時に消えやすいものである。しかし人間の精神は永久に新しい。それゆえ、事業を興す以上に精神を残していくことが、子孫のためにも自分のためにもなる」という意味です。

私は、これは現在の日本がよく噛みしめて身につけなければならない言葉だと思います。栄えるものがやがて衰微していくのは、この地球上、何万何千年とくり返してきた自然の事実です。人類が進化し、文字が生まれて、われわれは遠い遠い過ぎ去った出来事を、考え方を、知るに及んでいます。知ることが幸福か、知らないほうが幸福かは別問題として、少なくとも現在の中国人の大部分が、毎日食事ができて、餓死、凍死する人がいなくなっただけでも幸いなことだと思います。この幸いがどこから来たかといえば、毛沢東、周恩来氏などの努力の結晶なのです。

この努力の根元になっている精神をつくりだしたのは、中国が生んだ数々の哲人の教えが、詩が、現在の中国の指導者たちの精神に磨きをかけたからです。マルクス・レーニン主義は、論語、詩経、易経、孟子、老子、荘子、墨子、管子、韓非子《かんぴし》等々の教えで、中国人の肌に合い血と肉となるように嚙みくだかれているのです。毛沢東は、歴代の中国の長の中で最高の学者だそうです。

私はその言を信じます。あの厖大な書籍をかたっぱしから読んで、ものにしたのなら大学者たり得るでしょう。

十八世紀の中国は支配階級の無理解、無頓着のため、一般国民は人間以下の生活をしいられ、諸外国の野望の下敷となり、さんざん愚弄されましたが、ついに国連の一員となり、世界に発言することのできる立場を勝ち取りました。これは中国人だからできたのです。

日本が同じ立場におかれたら、日本人は、特に今の日本人には、土台になる何ものもないから、あっさりと崩れさるのではないかと私は考えます。精神的支えとなるものは何もないからです。神もなければ、純粋な宗教もなく、哲学もなく、自分たち自身にも確固たる何ものもありません。成り金が、井戸の中のなんとやらで、ワイワイやっているような様子なのは悲しいことです。

これだけの優秀な頭脳の持ち主がそろっているのに、残念なことだと思います。金をたくさん儲けて貯めたら、それを立派に生かさなければいけないと思います。シカゴのマフィアが死ぬ時には、莫大な金を学校に寄付して去るそうです。このことで彼らが天国に行かれるかどうか私は知りませんが、とにかく、おそまきでも大変によい行為と思います。そんな金は私どものような伝統ある学校ではいただきかねる、などと言わずに、さっさとサンキューといただく学校も、アメリカ的でよろしい。

医科大学に、何百万か何千万かの入学金を払っても、子息を入学させたい親がいるそうですが、学校側はどんどんその子息を入れてあげたらよいと思います。そして一年たって、どうしても医者に向かないようなら、当人の希望と先生方の判断を搗《つ》き混ぜて、他の科か、他の学校に移すようにしたらよいのです。そのほうが当人のためでもあり社会のためでもあります。親のほうも何千万円損したと思わず、他の優秀な医者を育てる費用に自分の金が役立っているのだと考え、学校のほうもその金をむだにすることなく、立派に生かすようにすればよいではありませんか。

互いに自分たちの国を、社会を、住みよい環境に置こうという考えに立脚すれば、物事はスムーズになります。自分の国を愛せば、他の国民が自分の国を愛している気持ちも少しは理解できると思います。正しい精神があっての物量でなければいけないのです。金は天下の回り物、有効に回してあげるべきです。正しい、美しい人生哲学を一人ひとりが持たなければならないと思います。

ひよわな花、日本

資源のない日本には、民主主義国家として、民主主義の真の意味を消化した国民が大量に育っていないと、大変に困ることになると思います。アメリカに与えられた民主主義を、六十年近くかかった今日までも、消化できないでいる人たちがあり、国民一人ひとりが、自分たちの国家に自分たちはどんな役割で尽くせるかと考えて生活していないのは、とても残念なことです。すべて人まかせで、狭い世界で、ただがむしゃらに、終戦以来、生き延びんがために働きまくってきたからでしょうか。

以前、元米大統領補佐官のズビグネフ・ブレジンスキー教授が、その著書『ひよわな花・日本』の中で指摘されたように、終戦から今までは、外的、内的好条件に恵まれて、日本人はその人的資質のおかげで、有利な環境を利用することができたというのが実情なのであって、もしその環境が与えられなければ、日本人の業績は全く低調に終わったかもしれないのです。

第二次大戦前、同じ日本人が、同じような意思決定方式、同じような勤勉さと知性を備え、しかもすでに数十年にわたる刻苦精励を経ていながら、なおかつ工業生産や資本の面で、トップクラス十二余ヵ国の一員にもなれずにいたという事実を考えた時に、外的、内的好条件がいかに大きな部分をしめたかと、私も思います。好条件に恵まれた時、競争好きの日本人が、たたかれた後「よし!」というので必死に駆けだしたのです。

競争相手があることは日本人にとって大変に必要なことなのです。東京タワーはパリのエッフェル塔より高く、京王プラザは霞が関より何メートル高く、住友ビルはそれより何メートル高く、三井ビルはその上をと新宿で競争してきました。三菱さんがああしたから、私のほうはという具合に、競争しあっています。そして世界の至るところで、同国籍会社同士競い合って、他に抜きんでることにエネルギーを燃やしてきたのです。だからといって私はこれを非難しはしません。あこぎなことをしない、純な、正しい競争は、存在するほうが好ましいのだと信じています。

しかし、どれほどお金を持っていたとしても、人間は誰一人として永遠に生きるわけではないのです。貯めたものはあの世に何一つ持って行けはしません。精励努力した結果、お金が貯まる。これはあたりまえなことです。しかしお金持ちには然るべき義務があるはずです。よく働き、正しく行動し、お金がたくさん貯まったら、それを有効に使えばよいのです。

国家も同じです。国民が努力した結果、幸運にも恵まれて、これほど豊かな国になった日本には、しなければならないことがたくさんあります。そのための金であり、そのための頭脳のよさであり、勤勉でなければならないと思います。

アメリカのよいところは学び取りましょう。ロックフェラー財団、フォード財団が、どのくらいの額を一年に、音楽、絵画、学校、病院にはき出すか。そんな大きな額でなくとも、西欧諸国、東南アジアでも、個々がどのくらい人間としての務めを果たしているか。国際社会の一国として、GDP第二位、世界で第二番目の持てる国として、しなければならないことがたくさんあります。

人間がよりよい生活をするように努力するのを、誰がけちをつけるでしょうか。世界全体がそのために努力しているのですから。

中国には中国のやり方があります。日本にはまた日本のやり方がなければならないと思います。敵は内にあるのです。敵は自分がこしらえるのです。親切な、道理のわかった、明るい、愉快な、寛大な隣人になれば、誰がけんかを売りにくるというのでしょうか。

戦争を放棄した平和国家・日本。経済的にも発言力を持った日本。そして、特定の宗教に偏らない日本。本来ならば、その日本こそが世界のよきミディエーター（仲介者、調整役）の役を買って出なければならないと思います。東西冷戦が終わっても、世界の中の対立軸は一向になくなりませんが、その中で日本は、独自の思想を持って、アジア諸国の親切な兄であるように、世界のよい手本に一日も早くなるように、日々努力していかなければならないと思います。

世界の国々と手をつないで、今の繁栄を続けるために、日本独得の日本主義を打ち立て、何国にもつけ入れられることのない、何人にも非難されることのない国造りを始めてください。現政府の方たちはすべて私心を捨てて、国民のために努力されることが急務です。

日本を日本国憲法にあるような平和国家とするためには、愛国心のある知性的な青年をたくさん養成しなければならないと思います。非武装は、国民の一人一人が真剣に国を守るすべを考え、国を愛する時にのみ可能だからです。

ところが、日本の戦後教育では、戦前に対する反省からか、国家意識や愛国心について教えるということをしませんでした。日の丸も「君が代」も否定するような風潮が、教育現場の一部にありました。その結果、自分の国を愛し大切に思う若い人たちがあまり育っていないのは、とても残念なことです。

だからといって、日の丸の旗に敬礼しろと言っているのではありません。しかし、日の丸という国旗がどんなにすばらしい印であるかを知っていなければならないと思うのです。このような気持ちは、植民地になったことのない日本人には、なかなかわからないのかもしれません。

私は、はからずも中国人に嫁し、東南アジアの国々に接し、自分の国を他国に支配されることがどれほどみじめな思いをさせられることか、生々しく思い知らされました。近代国家においても、自国を失うという苛酷な状態は、たとえ山河はそのまま残っていても、どんなにひどいものか、アフガニスタンの例からも想像していただけると思います。そんな日が絶対にこないと思いこんでいる日本人が多いことは悲しい限りです。

誰がそれを保証してくれるというのでしょうか。自分で自分を守らなければ、神仏からも見放されるかもしれないのです。その兆しは、すでにあるような気がします。

以前会った日本人の中に、「日本なんか滅びてもいいのです。私はシンガポールに行かせてもらいますから」と言う若い人がいましたが、「菊の御紋」のパスポートがなければ、つまり日本国の国民であるという証明がなければ、外国のどの国も受け入れてくれないということさえ、この若者はわかっていないのです。自分さえよければ、国なんかどうなっても関係ないと思っているのです。

こういう無知で愚かな人たちには、イスラエル人やパレスチナ人に日本に来てもらって、国がないことや平和がないことがどれほどつらく悲惨なことかを教えてもらったらいいのです。

自分の国を愛するのは、右翼でも何でもありません。人が自分の郷土を愛するのが自然なように、国を愛するのも、どの国の人にとってもきわめて自然な情なのです。アメリカ人は本当にアメリカを愛しています。アメリカには独善的なところがあって、自分たちの価値観を人に押しつけるという悪癖がありますが、こと愛国心の強さについては、私は尊敬すべきものがあると思っています。中国人も然りです。

自分の国を愛せない国民では、他国と仲よくすることも、世界平和に貢献することもできません。平和国家建設のために愛国の心を持った青年を養成する必要を感じるのはこのためです。

かつてジョン・F・ケネディが言ったように、「国が何をしてくれるかではなく、あなたたちは国のために何ができるか」を考えられるような若者が、少しでも増えてほしいと思います。腰の据わらない男と女がいくら増えたところで何もできやしません。最近の日本の若者たちを見ていると、日本の将来はどうなるのかと、私は心配になってしまうのです。

若者だけでなく、日本の政治家も一般の社会人も、私欲を離れて、日本のために尽くしていただきたいと思います。教養豊かな、常識に富んだ人たちが一致団結して、平和国家としての精神を高めていけば、武器を持たずに立派に国を守ったという、人類始まって以来の例が歴史に残ることでしょう。そういう国に日本を仕立てていただきたいと思います。

おわりに

愛すればこそ忠告

私が日本の将来を憂えて、あれこれと忠告の言葉を述べると、日本人の中には「もう国籍もない日本のことを心配しなくてもよいでしょう」と言われる方がいます。確かに、私は中国人と一緒に生活している期間のほうが、日本人であった時よりも長くなっています。そして日本に帰るたびに、日本の人と考え方の幅が合わなくなってしまっているのかもしれないと感じます。

しかし私は日本を愛し、日本を世界のどの国よりも、きめの細かな国、心意気のある国だと信じている点で、日本人の誰にも劣りはしないと思っています。そして子供たちや孫たちに、そして中国人の友人たちにも、私の生まれた国のよさを語りたいし、よい国だと思ってもらいたいと願っているのです。

私は、私が日本の国の将来を憂えるのは、大きな意味での母性愛だと解釈していただけないかと、日本人に説明しています。両親が一生懸命に働いて、子供たちをよい学校に送り、よりよい状態においてあげようとする心情と同じです。

私は、私の生まれた国の人々が、世界の人たちから好ましい人種と思われつつ、繁栄していただきたいと願っています。なぜこんなにも誤解されなければならないのか、残念に思います。しかし誤解される原因がたくさんあるのも事実ですので、お節介をやかずにいられなくなるのです。

日本人は、権威のある人の言うことでなければ聞かない癖があります。特に日本の男性は、女性の進言など聞き入れないことに決めているかのようです。ましてや、国家、会社の方針などに嘴《くちばし》は絶対に入れさせない。「女賢《さか》しくて牛売り損なう」からでしょうか。しかし耳を傾けるくらいはしてもよいと思います。決断はまた別の話です。つまらない世間話が案外役に立つことがあるのです。

私は始終さまざまな人と話をしているので、情報が豊富です。いろいろなことを実際に見聞きもしています。その見聞を基に、以前、日本の外務省に「日本人が大量に外に出て、行儀が悪いので反感を買っている。笑い話で済んでいるうちはよいが、これは今に日本人に対する憎しみにかわるから、外務省はパスポートを出す前にマナーに関する○×式の試験をしたらどうですか」と進言したことがあります。そしたら、「そんなことをしたら大変ですよ、人権蹂躙《じゅうりん》と、つるし上げにあう」と逃げられました。何か大事が起こらなければ、予防策や予備策は立てない。その道のオーソリティーでもないものの言は受けつけない。そういう傾向が日本人にはあるのです。

大学を東京の外に移しなさい。礼儀作法を幼稚園、小学校で教えてほしい。日本の母親の教育のし直しをしてほしい。デモクラシーという意味をはき違えないように指導してほしいなど、聞いていただきたいことは、山ほどあります。

日本の方たちは、もっと高い大きな立場に立ってものを考える習慣を養うとともに、女性、若者の言うことにも耳を傾ける努力をしていただきたいと思います。

塞翁が馬

日本人の中に、あまりにもあくせくとしている方が多い印象を受けるので、淮南子《えなんじ》の撰になる教訓を受け売りしてみます。

——北辺の要塞のほとりに、馬術で身を立てていた老翁がおりました。ある時、その飼い馬が逃げたので、村人が「運が悪かったね」と慰めると、翁は「これは災難ではない」と言いました。そして数ヵ月たつと、逃げていった馬が胡（隣国）の駿馬をたくさん引き連れて帰ってきたので、村人は「よかったね」とお祝いを言いました。すると、翁は「これは災難かもしれない」と言いました。その後、翁の子供がその馬で落馬して足を折ってしまいました。そこで村人が「不運ですね」と言うと、翁は「災難ではない」と言いました。そうして一年たった頃、胡人が塞に攻めてきました。体の壮健なる人はみな徴兵されて戦ったため、ほとんどが戦死してしまいましたが、翁の子供は足の怪我のために、徴兵を免れて命を全うしました——。

この話でわかるように、世の中のことはすべて、福は禍《わざわい》となり、禍は福となることもあります。人の世に変化はつきものですから、あまり深く思いわずらうことはないのです。

禍も福も同じ門から出入りするのであって、人がそれを招くのです。また、利と害とは、大変に異なることのようですが、利と思うものは半面で害を招き、害と思っていたことが、他面、利となることもあります。

不幸だった過去があったから、人間が磨かれる場合があります。あんな馬鹿とつきあったから、めちゃめちゃにされてしまったということがあっても、そこから立ち上がる意志を持てば、その禍は糧となるわけです。

苦しい時も希望を捨てないことが大切です。人間が生きていく上で遭遇しなければならないさまざまな困難を無事に乗り切るためには、信念が必要です。苦しみに、誘惑に打ち勝って生き続けなければなりません。なぜ生きなければならないかは、各人理由があるでしょうが、生きていくからには健康でなければなりません。健康を保つことは周りの人に親切なことでもあります。健康を保つことに万全を期して、周りの人に心配をかけないように、そして争わずに話すことです。世界に平和をなどと、難しいことを唱えても、年月を要します。まず隣の人と親しく言葉を交わすことから始めましょう。一生は短いのです。でき得るかぎりの努力を尽くさなければなりません。

ダイヤモンドも磨かないと石ころにすぎません。人間も磨きをかけると値打ちが出ます。自分に磨きをかけることは一つのチャレンジだと私は考えます。幸も不幸も、考えよう一つなのですから。

日本の若い人たちへのメッセージ

私たちは明日のためにさまざまに知恵を備えなければなりません。米、中の間に挟まれ今までに経験しなかった状況を迎えようとしております。日本の将来は若い貴兄たちの手中にあります。日本が存続できるか否かは貴兄たちの毎日の心がけ次第です。

ご自分の国が、衰亡・消滅するかもしれない曲がり角がすぐ目の前に来ていることに、貴兄たちは気づいておられるでしょうか。「これぞ自分の国」だと信じられる国を失ってしまったら、どんなに惨めな思いをしなければならないか、考えたことがおありですか。

世界を見回してみましょう。戦争に明け暮れた国々の国民がこうむる悲惨は、ニュースを通して目に耳に入っているでしょう。

少し遅かったかもしれませんが、まだ間に合います。今こそ貴兄たちがはっきりと自分の意見を持たなければなりません。

しかし、自分の主張を言葉にするときには、相手を傷つけないよう、相手を納得させせられるようにする工夫も必要です。仏教では、観音菩薩は三十三体に身を変じて人々に教えを説いたとされています。私たち凡人には不可能に近いことですが、一本調子ではいけないという教えです。相手に理解のいくよう話さなければいけないのです。相手がなるほどその考え方はよいと思ってくれなければ、言葉にする意味もないのです。中国（広東）語では「使気《サイハイ》」と申します。気を使って、エネルギーを無駄に使うなということです。

日本は平和憲法によって戦争を放棄しました。真によいことと信じます。平和国民である日本人は、他の人々から見て本物の平和な国に住む平和な集団でなければなりません。しかし、現状の日本と日本人は、そうした優しい思いやりのある集団ではありません。他国からは、騒がしいセックス・クレージーな集団、マネー・クレージーな集団だと思われているのはとても残念なことです。

出世やお金儲けだけが、人としてこの世に生まれてきた意味ではありません。人知れずこつこつ自分の与えられた仕事を一生懸命にこなすことも、まことに立派な人生の意義なのです。人はそれぞれ演じなければならない役割があります。世の中を一つの舞台として、主役、脇役、化粧係、衣装係、照明係、黒子等々、それぞれの役割を受け持った人が、おのおのの役割を百パーセント全うする。これが時を得て、観客の心に響く舞台を作り上げるのです。

日本の戦いは、世界の人々を友人にすることにあるのです。社会において自分が陽の当たる場を占めていなくても、自分の存在を卑下することなく絶望することなく、何かのお役に立とうと努める心意気が大切です。やがてその心意気が貴兄を陽当たりのよい場所に引きだすでしょう。私はそれを信じています。

よき祖国わが日本

単一の種族、単一の言語、教育の機会均等……、外国に暮らしてみると本当に日本特有のよさがよくわかります。

また、宗教の面から言えば、日本には国教がありません。

これらの点から私は、この世に平和を、天国を創り出し、我を張らずに譲り合って暮らせるようにできるのは、日本人をおいてないのではないかと、考えるほどです。

我欲は際限のないものです。これをコントロールできれば幸せはすぐそこにあります。幸せをつかんで、他の人を包んであげたいものです。

日本人は本来、外国人が考えているような哲学も品格もないような国民ではありません。日本人は人のよい集団だということは私がよく知っています。個々を見ると性善なる人が多いのです。それなのに、少し血の気が多いのか、異常な事態に直面すると自制を失うことが多く、付和雷同型の人たちがすぐ連鎖反応を起こすような下地があるだけなのです。責任を問われると、カッとなってすぐ第三者のせいにしたがるのも悲しいことです。

徳川が三百年も鎖国したから、戦争に負けたから、陸軍が悪いから、政府がどうしようもないから、日教組がだめだから……と理由はいろいろですが、全部人のせいにします。まず、自分がどこか間違っていなかったか、省みてみましょう。

自分が「われ一粒の麦なれど」と発奮する人は少ないように思います。私は昔この映画（同名タイトル、一九六四年製作）を見た時にとても感激して、社会をよくするためには、自分一人でも今日から努力しなければいけないと思ったものです。そして、それ以来努力を続けています。住みよい社会をつくるのは、結局一人一人の力だからです。

日本の古い木造建築はとても美しいものです。襖《ふすま》、障子、畳、柱……どれを取っても簡素であり、しかもここに美の極致があります。

この美しい空間の中で育まれた日本人の心が、つまらない粗雑なものであるわけがありません。みやびな、もののあわれを知る心を、もう一度日本人にとり戻していただきたいのです。

吉川英治の『宮本武蔵』の中で、武蔵はこんなふうに言います。

「あれになろう、これに成ろうと焦心《あせ》るより、富士のように、黙って、自分を動かないものに作りあげろ。世間へ媚《こ》びずに、世間から仰がれるようになれば、自然と自分の値うちは世の人がきめてくれる」

真に秀でた人は威張りません。周囲の人を自然に敬服させる力があります。そのような国民になっていただきたいと切に思います。

あとがき

日本はどうなってしまうのか。どこまで品格のない、醜い国になってしまうのか。

これまで波乱にも富んだ充実した人生を送り、子供たちを育て上げ、すでに主人を亡くしてしまった今、私は第二の祖国シンガポールで穏やかな日々を送っていてもよいはずでした。しかし、祖国日本の現状を見るにつけ、とても安閑とは過ごせない焦燥感に苛《さいな》まれています。

このままでは日本は本当に亡国の憂き目に遭う。それをなんとか食い止め、美しい国土と折り目正しい国民がいた日本を取り戻してもらいたい……。その憂国の一念で、本書を著わしました。

三十年前、私は『国際人へのパスポート』という本を著わし、国際舞台での日本と日本人の振る舞いについて、さまざまに指摘をし、アドバイスもいたしました。しかし、三十年たった今も、事態はいっこうに改善されず、それどころかいっそう悲惨なことになっています。

そこで、新たに書き下ろしたものと合わせて、前著二冊のなかからも、今だからこそ重ねて強調しておきたい部分を適宜抜き出して加筆訂正し、再構成いたしました。本書が広く読まれ、わが祖国日本の崩壊を、少しでも食い止めることができればと、切に願っております。

この書の出版を快く引き受けてくださった小学館の竹内明彦氏、編集の労をお取りいただいた稲本義彦氏、構成を考えてくださるとともに楽しいおしゃべりの時間もすごさせていただいた清野真智子さんに、深い謝意を表します。

胡　暁子

胡　曉子（ダティン・アキコ・オー）
昭和2年、東京都生まれ。番町小学校を経て文化学院卒。タイガーバーム3代目社長、胡一虎氏に嫁ぎ、星虎公司の社長や役員などを歴任。シンガポール赤十字副総裁、オイスカ・シンガポール代表、その他、胡一虎財団、トリニダード・トバゴ共和国名誉総領事、オイスカ・カンボジアの役員を務めるなど多方面で活躍。福祉活動、難民救済活動、東南アジアと日本の架け橋として相互理解を深める活動にも積極的に取り組む。その功績を認められ、89年には日本国よりメダルを、90～94年にわたりシンガポール赤十字から4回、92年にはシンガポール国より勲章を受章。ダティンとは、マレーシアの貴族の称号である。
著書に『国際人へのパスポート』（番町書房）、『晴れも良し、雨もまた良し』（講談社）。DVDに『胡曉子の意識改革のすすめ』（日本日経映像社製作）。

日本人が知らない「日本の姿」
――シンガポール財閥総帥夫人からの警鐘

2004年2月1日　初版第1刷発行

著　者　胡 曉子（ダティン・アキコ・オー）

発行者　竹内明彦

発行所　株式会社 小学館
〒101-8001
東京都千代田区一ツ橋2-3-1
電話　編集 03-3230-5806
制作 03-3230-5333
販売 03-5281-3555
振替　00180-1200

印　刷　大日本印刷株式会社

DTP　株式会社 吉野工房

製　本　株式会社 若林製本工場

　ISBN 4-09-389661-5